了解儿童 支持儿童

幼儿数学关键经验解析与指导

（融媒体版）

张　俊　贾宗萍　主　编　　高　燕　马柳新　副主编

教育科学出版社
·北　京·

出 版 人　郑豪杰
责任编辑　徐　杰
版式设计　郝晓红
责任校对　贾静芳
责任印制　李孟晓

图书在版编目(CIP)数据

了解儿童　支持儿童：幼儿数学关键经验解析与指导：融媒体版 / 张俊，贾宗萍主编. -- 北京：教育科学出版社，2024. 9. -- ISBN 978-7-5191-3899-8

Ⅰ. G613.4

中国国家版本馆 CIP 数据核字第 2024323XE9 号

了解儿童　支持儿童——幼儿数学关键经验解析与指导（融媒体版）

LIAOJIE ERTONG　ZHICHI ERTONG——YOU'ER SHUXUE GUANJIAN JINGYAN JIEXI YU ZHIDAO

出版发行	教育科学出版社		
社　　址	北京·朝阳区安慧北里安园甲 9 号	**邮　　编**	100101
总编室电话	010-64981290	**编辑部电话**	010-64989386
出版部电话	010-64989487	**市场部电话**	010-64989572
传　　真	010-64891796	**网　　址**	http：//www.esph.com.cn

经　　销	各地新华书店		
制　　作	北京浪波湾图文工作室		
印　　刷	天津画中画印刷有限公司		
开　　本	720 毫米 ×1020 毫米　1/16	**版　　次**	2024 年 9 月第 1 版
印　　张	12.25	**印　　次**	2024 年 9 月第 1 次印刷
字　　数	147 千	**定　　价**	80.00 元

因各种原因，本书视频中使用的幼儿正面肖像未得到其监护人的肖像权授权，在此深表歉意。恳请这些幼儿的监护人及时与我们联系，以便做出妥善处理。

编写人员

主　　编　张　俊　贾宗萍

副 主 编　高　燕　马柳新

编写人员

钱　震　金翠萍　盛　瑾　焦　莉　孙　婷

邓婷婷　任　静　朱亚杰　丁　河　王仁超

徐荣婧　芮月琴　李　玮　吴金静　姬姗姗

姜　燕　童　菲　郭宁宁　张　倩　赵粲粲

王婷婷　钱凌琳　霍雨佳　蔡玉静　陈慧然

刁丽君　吕　红　秦思雨　孙璐璐　吴宝珍

徐丽兰　薛　莹　李亚男　葛玉婷

祝贺中华路幼儿园的数学教育在经过40多年的研究实践中所取得的丰硕成果！这一成果对建设具有中国特色的幼儿园数学教育有着重要的价值和意义！

張慧和

2024.6.4

张慧和（1935— ），南京师范大学学前教育系教授，几十年深入幼儿园一线研究幼儿园数学教育，带领幼儿园探索具有中国特色的幼儿园数学教育，成果丰硕，培养了一批优秀的幼教工作者。

目录
CONTENTS

扫码看数学关键经验视频

幼儿数学关键经验一览表

年龄	关键经验			页码
小班	数与量	数的意义	在动作的基础上，理解“1”和“许多”之间的关系（即1个1个……合起来是“许多”，“许多”可以分成1个1个……）。	30
			根据标记将相同的物体集中在一起，进行简单的归类。	33
			按物体的一种外部特征（颜色、形状、大小、高矮、长短）进行简单的分类。	35
			根据物体的特点、关系寻找相关物体，将相关的物体相匹配。	37
			用一一对应的方法做等量集合。	39
			进行20以内的唱数。	41
			手口一致点数5以内的物体，并说出总数。	43
			通过直接感知说出3以内物体的数量。	45
			感知5以内数量，学习给5以内的点子卡片匹配等量的实物。	47
			按实物范例的数目或指定数目取出相应5以内数量的物体。	49
			根据数量属性将数量为5以内的集合分类。	51
			用点子等非正式方法表示5以内的数量。	53
		数量关系	用一一对应的方法比较5以内数量的多少。	55
			在感知的基础上将数量为5以内的集合按多少排序。	58
			按大小、长短等差异对5个以内物体进行排序。	60
	图形与空间	几何图形	探索物体较明显的形状特征，并用自己的语言描述。	62
		空间关系	用上、下、前、后、里、外等方位词描述物体的位置。	65
			尝试运用平移、旋转进行图形拼搭。	67

续表

年龄	关键经验			页码
中班	数与量	数的意义	按物体的内部特征（性质、功能用途等）进行分类。	70
			按物体间的数量关系进行分类。	73
			初步学习对物体进行多重角度分类。	75
			进行 50 以内的唱数。	77
			用点数的方法对 10 以内数量的物体进行准确计数。	79
			感知 10 以内数量，发现物体的数量不会因其排列方式的改变而变化。	81
			根据数量属性将数量为 10 以内的集合分类。	83
			学习 10 以内的序数，能从不同的方向正确指出某一物体在序列中的位置。	85
			将数字与相应数量的集合匹配。	87
			认识 10 以内的数字，并理解数字的抽象意义。	89
		数量关系	用计数的方法比较 10 以内数量的多少。	92
			在数量比较的基础上将数量为 7 以内的集合按多少排序。	94
			认识 10 以内数序，感知 10 以内相邻数的等差关系。	96
			按大小、长短、高矮、粗细差异对 7 个以内物体进行排序。	98
			借助实物或情境理解 10 以内集合的数量变化。	100
	图形与空间	几何图形	感知和发现常见几何图形的基本特征，并进行分类。	102
			认识并命名立体图形上的平面图形。	105
			认识平面图形（如三角形）的各种变式。	107
			不用借助分割线的提示，进行简单的几何图形组合与分解。	109
		空间关系	用上、下、前、后、里、外、中间、旁边等方位词描述物体的位置和运动方向。	111
			有意识地运用平移、旋转和翻转进行图形拼搭。	114
			用首尾相接摆放单位量的方式进行长度的自然测量。	116
			通过用单位面积（方块）覆盖的方法，体验面积和面积测量的意义。	118

续表

年龄	关键经验			页码
大班	数与量	数的意义	学习对物体进行多重角度分类、层级分类以及同时按物体的两种以上特征进行分类。	122
			进行 100 以内的唱数。	126
			学习运用接数、按群计数、目测数群等多种计数方法计数。	128
			区分序数和基数。	131
			借助百数表初步感知 100 以内数的系统，初步理解数系统的排列规律。	133
		数量关系	比较不相邻的 2 个数或 3 个数的大小关系。	135
			理解 10 以内数与数之间的数差关系的可逆性、传递性。	137
			按大小、长短、高矮、粗细、厚薄、宽窄差异对 10 以内物体进行正向排序和逆向排序。	139
			理解估数的意义，对物体数量有初步的数感。	142
			根据已知线索，推断未知物群的数量。	144
		数的运算	进行 10 以内数的分解与组合，理解分合中的互换、互补关系。	146
			体验数量的多种分合方法。	148
			能对一定数量的物体进行等分，如二等分和四等分。	150
			借助动作、表象进行 10 以内加减运算，理解加减的实际意义。	152
			认识 +、−、= 等运算符号和加减算式，初步理解算式表示的意义。	154
	几何与空间	几何图形	认识并命名球体、长方体、正方体、圆柱体，认识长方体、正方体的面。	156
			理解图形的对称性并学习等分图形。	159
			用图形及图形组合进行较为复杂的组合与分解，理解其中的组合替代关系。	162
		空间关系	学习辨别自己和他人的左右。	164

续表

年龄	关键经验			页码
大班	几何与空间	空间关系	学习用符号表示物体在二维空间中的位置和运动方向。	167
			进行图形拼搭时，有意识地预期旋转和翻转的结果。	170
			理解简单示意图中的空间关系。	172
			理解并重现观察三维物体的不同视角。	174
		空间测量	重复使用一个单位量进行长度的自然测量。	177
			理解测量同一长度时单位长度大小和所需单位数量之间的相反关系。	179
			通过用单位体积（立方块）填充的方式，体验体积和体积测量的意义。	182

第一章

幼儿数学关键经验概述

第一节　幼儿数学关键经验的内涵

一、什么是幼儿数学关键经验？

关键经验是指有利于幼儿理解和发展某一领域基本认识、基本态度、基本能力的一些至关重要的概念、能力或技能。幼儿数学关键经验就是幼儿可以获得的、积累的最基础、最关键的数学经验、概念或能力。一种经验或概念、能力能够成为幼儿期的数学关键经验，是因为它具有以下几个特点。

1 持续发展

3—6 岁幼儿数学关键经验的发展既表现出一定的阶段性特征，又是连贯的、持续性的，对幼儿阶段的数学启蒙有着持续性的影响。如 3—6 岁幼儿计数能力的发展，在小班表现为学习手口一致点数 5 以内的物体并说出总数，到了中班，幼儿能用点数的方法对 10 以内数量的物体进行准确计数，大班幼儿则学习运用接数、按群计数、目测数群等多种计数方法计数，不仅从小班一以贯之，在点数的范围、策略上都有了进阶式的发展。

2 系统联系

幼儿数学关键经验之间不是孤立的，不仅表现为新经验的学习需要建立在已有经验的基础之上呈现纵向的发展联系，而且表现为不同关键经验之间具有横向的联系，彼此之间相互关联与支持。关键经验之间的纵横关系构建了早期教育阶段幼儿数学学习的基本知识系统。仍以计数为例，它既如上所述在不同年龄段有着相应的发展特点，同时它对幼儿进行数量比较、数量排序、加减运算等都有着重要影响。幼儿能够正确的计数，可以帮助他们确定不同集合的数量，进而比较出多、少、一样多或是多几个、少几个，也可以让幼儿在初期接触加减时迁移点数、接数的经验进行合并计数或者接数，完成数的运算。再如幼儿在对图形分解与组合的过程中能够感知图形之间的组合替代关系，为后期理解面积测量奠定了必要的基础。

3 适应幼儿

幼儿数学关键经验必须基于幼儿当下的思维发展水平，建立在幼儿非正式或日常数学经验的基础上。它与3—6岁幼儿学习与发展的特点和规律相符，不能超出相应阶段的幼儿发展水平。同时，其应以3—6岁幼儿普遍能够接受和理解的程度为依据，不能以个别幼儿的发展为凭借。幼儿对数学知识的理解和掌握，遵循着从具体到抽象的规律，幼儿数学关键经验的发展必然要体现这样的逻辑顺序。幼儿对数概念的理解，小班幼儿仅限于在具体的水平上感知数量，而不涉及具体的数字符号。在积累了一定的数量经验的中班时期，才引入数字符号，帮助幼儿对数的理解达到抽象的层次。基于此，小班数的意义关键经验之一是用点子等非正式方法表示5以内的数量，中班才是认识10以内的数字，并理解数的抽象意义。幼儿几何图形概念的发展同样也需要经历一个从具体到抽象，从感性经验积累到概念形成的过程，因此，小班幼儿探索物体较明显的形状特征并用自己的语言描述，中班则是感知和发现常见几何图形的基本特征并能够认识平面图形的变式，大班开始认识并命名常见的立体图形。

4 前瞻预见

幼儿数学关键经验能够为他们日后的数学学习和逻辑思维发展奠定基础，促进他们对数学的持久理解和学习兴趣，对未来的学习有着较大的预测性。已有研究发现，从生命的头几年开始，幼儿就有能力学习数学，发展对数学的兴趣。他们进入幼儿园所积累的经验，能够预测他们往后几年的数学成绩——甚至贯穿整个学校生涯。有了高质量的学前教育经验，幼儿在数学上的成功是可以预见的，而且这种影响会持续到多年以后。而且，他们在数学上所知道的东西，能够预测他们往后的阅读成绩。可见，数学是认知的核心成分，早期数学关键经验的获得对幼儿未来的发展特别重要。幼儿在拼拼图、搭积木、走迷宫等多样化的游戏、活动中发展空间关系、空间视觉化等方面的关键经验，这为他们入学后理解更为抽象的几何与空间关系积累了大量、丰富的感性经验，支持他们解决相应的问题。

二、幼儿数学关键经验的内容

根据幼儿阶段所学习的数学内容及其逻辑关系，以及幼儿数学学习的年龄特点和学习逻辑，幼儿阶段最基本、最基础的数学关键经验主要分为“数与量”“图形与空间”两个部分（见表 1）。

1　数与量

（1）数的意义

集合的分类与对应：包括“1”和“许多”、分类与对应。“1”和“许多”是感知集合并对集合中的元素产生具体、清晰的认识。分类是把一堆物体分成各有共同属性的几组。对应是指在两个集合的元素之间建立关系。

感数和计数：感数是指不需要点数快速感知并说出小集合数量的能力。计数是指手口一致地点数实物并说出总数。

基数意义：数可以表示数量的多少，既可以是以具体事物为单位的数量多少，又可以是以集合为单位的数量多少。

序数意义：数表示物体的次序。

数的表征系统：认识 10 以内的阿拉伯数字与借助百数表初步感知 100 以内的数的系统。

（2）数量关系

数量的“大小”与“多少”比较：比较集合的多少与数字的大小。集合比较是指比较两组物体的数量是否一样多，如果不一样多，那么哪组多哪组少。比较数的大小关系，除了两两比较数的大小之外，还包括比较相邻 3 个数的大小，体验大小的相对性和依次差 1 的数差关系等。

数序：即自然数的顺序。

连续量的比较与排序：将两个以上物体按照某种量的差异进行排序。

估数：根据物体大小初步估计其数量，或根据一个已知小物群的数量，来估计另一个未知的大物群的数量。

（3）数的运算

数量的分合：掌握 10 以内每个数有几种分法，感知和体验一个数和它分出的两个部分数之间的关系，以及部分数之间的互补关系和互换关系。

数的运算：包括借助实际情境和操作理解加减运算的实际意义，理解 +、–、= 等运算符号和加减算式的意义，并能通过实物操作或其他方法进行 10 以内的加减运算。

2 图形与空间

（1）几何图形

几何图形的特征：辨认和命名典型的图形，注意到图形的基本特征并分类。

几何图形的分解与组合：认识常见几何图形之间的组合替换关系。

（2）空间关系

空间方位：感知物体基本的空间位置与方位，理解方位词并学习运用方位词描述物体的位置和运动方向。理解语言指示或简单示意图所描述的空间关系。

空间视觉化：将视觉感知到的空间形象、空间关系在头脑中进行再现和操作，并将这种操作的结果表现出来。

（3）空间测量

利用各种自然物来测量物体的长度、面积、容积等。

表 1　幼儿园各年龄阶段的数学教学内容

（一）数与量

内容		各年龄班的关键经验		
		小班	中班	大班
数的意义	1. 集合分类和对应	1. 在动作的基础上，理解“1”和“许多”之间的关系，即 1 个、1 个 ×× 合起来是许多，许多可以分成 1 个、1 个 ×× 2. 根据标记将相同的物体集中在一起，进行简单的归类 3. 按物体的一种外部特征（颜色、形状、大小、高矮、长短等）进行简单的分类 4. 根据物体的特点、关系寻找相关物体，将相关的物体相匹配 5. 用一一对应的方法做等量集合	1. 按物体的内部特征（性质、功能用途等）进行分类 2. 按物体间的数量关系进行分类 3. 初步学习对物体进行多重角度分类	学习对物体进行多重角度分类、层级分类以及同时按物体的两种以上特征进行分类
	2. 感数和计数	1. 进行 20 以内的唱数 2. 学习手口一致点数 5 以内的物体，并说出总数 3. 通过直接感知说出 3 以内物体的数量	1. 进行 50 以内的唱数 2. 用点数的方法对 10 以内数量的物体进行准确计数	1. 进行 100 以内的唱数 2. 学习运用接数、按群计数、目测数群等多种计数方法计数
	3. 基数意义（理解数的抽象意义）	1. 感知 5 以内数量，学习给 5 以内的点子卡片匹配等量的实物 2. 按实物范例的数目或指定数目取出相应 5 以内数量的物体 3. 根据数量属性将数量为 5 以内的集合分类	1. 感知 10 以内数量，发现物体的数量不会因其排列方式的改变而变化 2. 根据数量属性将数量为 10 以内的集合分类	—

续表

内容		各年龄班的关键经验		
		小班	中班	大班
数的意义	4. 序数意义	—	学习10以内的序数，能从不同的方向正确指出某一物体在序列中的位置	区分基数和序数
	5. 数的表征系统	用点子等非正式方法表示5以内的数量	1. 将数字与相应数量的集合匹配 2. 认识10以内的数字，并理解数字的抽象意义	借助百数表初步感知100以内数的系统，初步理解数系统的排列规律
数量关系	1. 数量的“大小”与“多少”比较	用一一对应的方法比较5以内数量的多少	用计数的方法比较10以内数量的多少	比较不相邻的两数或三数的大小关系
	2. 数序	在感知的基础上将数量为5以内的集合按多少排序	1. 在数量比较的基础上将数量为7以内的集合按多少排序 2. 认识10以内数序，感知10以内相邻数的等差关系	理解10以内数与数之间的数差关系的可逆性、传递性
	3. 连续量的比较与排序	按大小、长短等差异对5个以内物体进行排序	按大小、长短、高矮、粗细差异对7个以内物体进行排序	按大小、长短、高矮、粗细、厚薄、宽窄差异对10个以内物体进行“正向排序”和“逆向排序”
	4. 估数	—	—	1. 理解估数的意义，对物体数量有初步的数感 2. 根据已知线索，推断未知物群的数量

续表

内容		各年龄班的关键经验		
		小班	中班	大班
数的运算	1. 数量的分合	—	进行5以内数量的分解与组合，体验一个量可以分成两个部分量、两个部分量合起来就是原来的总量	1. 进行10以内数的分解与组合，理解分合中的互换、互补关系 2. 体验数量的多种分合方法 3. 能对一定数量的物体进行等分，如二等分和四等分
	2. 加减运算	—	借助实物或情境理解10以内集合的数量变化	1. 借助动作、表象进行10以内的加减运算，理解加减的实际意义 2. 认识＋、－、＝等运算符号和加减算式，初步理解算式表示的意义

（二）图形与空间

内容		各年龄班的关键经验		
		小班	中班	大班
几何图形	1. 几何图形特征	探索物体较明显的形状特征，并用自己的语言描述	1. 感知和发现常见几何图形的基本特征，并进行分类 2. 认识并命名立体图形上的平面图形，如三角形、长方形、正方形、梯形、圆形、椭圆形等 3. 认识平面图形（如三角形）的各种变式	1. 认识并命名球体、长方体、正方体、圆柱体，认识长方体、正方体的面 2. 理解图形的对称性并学习等分图形

续表

内容		各年龄班的关键经验		
		小班	中班	大班
几何图形	2. 几何图形的分解与组合	借助分割线的提示进行简单的图形组合	不用借助分割线的提示，进行简单的几何图形组合与分解	用图形及图形组合进行较为复杂的组合与分解，理解其中的组合替代关系
空间关系	1. 空间方位	用上下、前后、里外等方位词描述物体的位置	用上下、前后、里外、中间、旁边等方位词描述物体的位置和运动方向	1. 学习辨别自己和他人的左右 2. 学习用符号表示物体在二维空间中的位置和运动方向
	2. 空间视觉化	尝试运用平移、旋转进行图形拼搭	1. 有意识地运用平移、旋转和翻转进行图形拼搭 2. 探索图形、常见物品中简单的镜像对称关系	1. 进行图形拼搭时，有意识地预期旋转和翻转的结果 2. 理解简单示意图中的空间关系 3. 理解并重现观察三维物体的不同视角
空间测量	1. 长度测量	—	用首尾相接摆放单位量的方式，进行长度的自然测量	1. 重复使用一个单位量进行长度的自然测量 2. 理解测量同一长度时，单位长度的长短和所需单位数量之间的相反关系
	2. 面积和体积测量	—	通过用单位面积（方块）覆盖的方式，体验面积和面积测量的意义	通过用单位体积（立方块）填充的方式，体验体积和体积测量的意义

第二节　了解幼儿数学关键经验发展的意义与方法

一、了解幼儿数学关键经验发展的意义

领域教学知识（PCK）作为促进教学有效性所必须拥有的知识，是教师区别于其他学科专家的根本特征，是教师所特有的、作为其专业基础的知识。与数学家不同，数学教师需要了解不同学生在已有知识、认知能力、学习方式等方面的个性特点，并根据这些差异将数学知识以不同的方式传授给不同学生。同样的，幼儿教师在实施数学教育的过程中，也应当具备相应的数学领域教学知识，以明确幼儿数学教育应当教什么、怎样教、教谁。其中，对幼儿数学关键经验的了解就必不可少。

1　把握幼儿数学教育的尺度

《幼儿园教育指导纲要（试行）》明确指出：幼儿园的教育内容是全面的、启蒙性的。幼儿数学领域发展的重要目标是引导幼儿在生活和游戏中感受事物的数量关系并体验到数学的重要和有趣。因此，幼儿的数学教育是数学启蒙教育，重在激发幼儿对数学的探究兴趣，感知数学的有用和有趣。

众所周知，数学知识的一个突出特点就是高度概括和抽象的数量关系及空间形式。它所反映的不是客观事物本身所具有的特征或属性，而是事物之间高度抽象的逻辑关系。就像数字 8，它是从 8 个桃子、8 朵花、8 辆汽车、8 瓶水等数量为 8 个的物体中抽象出来的共同特征，在任何一个单独

的事物上都找不到 8 这一特征。由于数学以极其简约、凝练的方式揭示事物之间的关系，脱离了具体事物的形象干扰，常常会给人以严密、深奥的感觉。一旦教育行为不符合幼儿可理解的程度与方式，往往就易超出适宜的范围，给幼儿带来学习压力与困境，让幼儿感到枯燥、无趣，与幼儿数学教育的根本目标相悖。

幼儿数学关键经验是从诸多数学知识、能力、技能中筛选出的对幼儿来说最基本、最基础的部分，也是幼儿通过游戏、生活等适宜方式能够获取、应用的经验，它与幼儿当下的思维发展水平相匹配，又能为幼儿未来的发展奠定必要的基础。因此，教师如果深入明晰了各年龄段幼儿数学发展的关键经验，就能把握住幼儿数学教育的尺度，明确教育内容与范围，更加深刻地意识到幼儿数学教育不在于内容有多深，而在于它对幼儿发展的适应性、推动性。

对大班幼儿来说，认识 +、–、= 等运算符号和加减算式，初步理解算式表示的意义，就是能不借助实物和表象，运用符号和算式进行加减运算，已经是大班 10 以内加减运算的最高阶段。虽然受家庭教育等多种因素的影响，不少幼儿似乎也能进行 20 以内甚至更大数字的加减运算，但幼儿数学关键经验却引领教师明确大班加减运算的学习更重要的是帮助幼儿初步理解算式表示的意义，即理解算式中每一个数字及符号在事件中表示的意义，知道多种不同的事情可以用同一个算式表示。因此，教师在引导大班幼儿进行加减学习时，不在于算得有多快、数字有多大，而在于利用你说我演、算式接龙等多种游戏活动，借助购物、取放物品等生活情境，通过观察三幅图、自编应用题等不同抽象程度的活动形式，引发幼儿对加减应用情境的关注，不断深化对加减运算意义的理解。

2 全面看待幼儿在数学活动中的整体发展

幼儿的发展是一个整体，要注重领域之间、目标之间的相互渗透和整合，促进幼儿身心全面协调发展，而不应片面追求某一方面或几方面的发展。幼儿数学关键经验不仅呈现出3—6岁各年龄阶段发展的纵向联系，也体现出“数与量”“图形与空间”等内容之间的横向联系。这在第一节分析幼儿数学关键经验特点时已有说明，这里不再赘述。

此外，细细解读幼儿数学关键经验，我们会发现数学知识是幼儿数学关键经验发展的内容载体，但更要从内容背后看到幼儿数学思维能力、解决问题的方法、良好学习品质等方面的发展。幼儿获得和应用初步数学概念的过程，就是从不同的情境和多种多样的具体事物中逐步排除其他特征的干扰，发现其共同的数学特征的过程。这一过程不仅是幼儿逻辑思维能力的发展，也是运用数学语言符号交流表征、运用数学解决问题的过程。如幼儿感知空间方位，用上、下、前、后、里、外、中间、旁边等方位词描述物体的位置和运动方向，不仅是理解物体之间的空间关系，也在用方位词这一数学语言进行表达和交流，有利于幼儿体验数学语言在日常交流时可以让表达更清晰、更准确。为了促进幼儿对空间关系的理解，教师会创设捉迷藏的游戏情境，鼓励幼儿一人藏、一人找，或者根据任务卡找一找等，找到后引导幼儿运用“××在××的（上面/下面）”的句式说一说。这就需要幼儿不仅理解游戏的规则，始终意识到自己的任务、记得活动的规则，而且能完整地表达、倾听他人的表达、学会与同伴合作等，这一过程无不伴随着任务意识、规则意识、主动专注、合作互助等学习品质的培养。

数学关键经验不仅表现为数学本身的内在联系，也表现为领域之间的相互渗透和整合。如，“理解图形的对称性并学习等分图形”是在感知对称图形的基础上进行的，是大班幼儿学习几何图形的内在联系和图形部分与整体之间关系的重要方面。这一关键经验包括两个核心，即正确区分对称图形和不对称图形，了解对称图形的对称轴和轴两侧图形完全相同的特征；在理解图形对称性的基础上，通过等分感知图形部分与整体的关系。等分的份数越多，每一份就越小，整体大于任何一个部分。这一数学关键经验需要幼儿在生活中积累一定的对称经验，如看过环境中对称的建筑、蝴蝶、衣服等，有折纸、剪纸的经验，知道对折时边对边、角对角，要折整齐。这和美术领域的学习就有了天然的联系，同时通过数学关键经验的发展又能进一步激发幼儿运用对称、等分的经验进行艺术的想象和创作。

3 厘清幼儿数学学习发展的脉络

幼儿数学学习的内容是一个严密的知识体系，前后学习内容之间有着很强的联系。同时，幼儿对数学内容的理解和掌握，遵循着从具体到抽象的规律。幼儿数学关键经验揭示了小、中、大班幼儿数学学习与发展的基本路径，帮助教师在选择和安排数学教育活动时遵循幼儿数学学习的发展路径，体现先易后难、循序渐进、前后联系的特点。

就拿连续量的比较与排序来说，小班幼儿按大小、长短等差异对 5 个以内的物体进行排序，中班幼儿按大小、长短、高矮、粗细差异对 7 个以内的物体进行排序，大班幼儿按大小、长短、高矮、粗细、厚薄、宽窄差异对 10 个以内物体进行正向排序和逆向排序。对小、中、大班幼儿来说，不仅表现在物体的数量从 5 个、7 个增加到 10 个，而且表现在排序的维度从大小、长短拓展到高矮、粗细、宽窄、厚薄，这帮助教师意识到物体的数量、排序的维度都会对幼儿产生不同难度的挑战，需要逐步提升。通过对关键经验的解析，教师意识到不同年龄段幼儿解决排序问题的方法是有差异的，小班幼儿在连续比较和协调多个物体大小或长短差异时，主要依靠直接比较的方法；中班幼儿能够脱离全范例，按照半范例或者自主排列物体，开始使用对应比较的方法判断物体量的差异；大班幼儿能够自主确定基线，并发现序列关系中的传递性、可逆性。这一发展脉络的梳理，能够促使教师理解为什么自己即使告诉了幼儿“将一把棍子放在手上，一端对齐，然后每次找到最短的一根，就能把棍子从短到长排”，幼儿仍然不会排或者即便排出了棍子，更换材料之后还是不会排，这是因为幼儿只有经历了大量直接比较、对应比较等自主探索的过程，到了大班才能开始理解传递、可逆等序列的逻辑观念，进而才能使用逻辑的方法进行排序。

4 理解幼儿数学学习中的个体差异

幼儿数学教育内容本身是一种普遍性的学科知识，但学习经验却是幼儿与环境、材料相互作用的过程及从中获得的体验。由于幼儿的已有经验、认知方式等方面存在差异，他们在与环境、材料的互动中获取的对数学相关内容的理解必然带有个人性的理解或体验。虽然总体上，幼儿大致沿着普遍的数学学习与发展路径获得相关的数学关键经验，但这并不意味着所有幼儿都在同一时间达到同一发展水平，每个幼儿在沿着相似进程发展的过程中，各自的发展速度和到达某一水平的时间不完全相同。要充分理解和尊重幼儿发展进程中的个别差异，支持和引导他们从原有水平向更高水平发展，按照自身的速度和方式到达《3—6岁儿童学习与发展指南》所呈现的发展“阶梯”，切忌用一把“尺子”衡量所有幼儿。幼儿在数学方面的个体差异往往更加明显。

在观察幼儿数学关键经验的发展时，我们时常可以看到幼儿的不同表现，进而理解他们的个体需求。如，当大班幼儿在网格图上表示物体往目的地的移动时，有的幼儿能够正确使用箭头、数量表达物体运动的位置与距离，开始对自己所处的空间环境形成心理表征；有的幼儿知道可以用箭头表示行进的方向，但不能将箭头与行走方向统一，这可能与幼儿对箭头的理解，对应箭头行走的能力发展有关；有的幼儿能够用手指等方式在网格图上描画起点到终点的路线，但不会用箭头或其他符号表征路线，说明幼儿缺乏相应的符号表征经验。

教师通过对幼儿数学关键经验的解析，知道这些关键经验是如何发展的，借助过程性的评估去观察幼儿正在做什么，是怎样做的，思考幼儿为什么这样做、正在想什么、幼儿犯的最主要错误是什么、出错的原因可能会是什么、努力从幼儿的角度来理解幼儿当下发展的情境，从而为幼儿提供有针对性的指导和支持，促使幼儿在最近发展区获得成长。

5 为幼儿的数学学习与发展提供灵活的支持

从前几点的阐述中可以看出，教师了解幼儿数学关键经验的发展，有助于教师科学地认识幼儿数学教育是什么，幼儿数学学习发展路径是什么，幼儿数学学习中可能存在的困难或潜质是什么，进而基于对教育对象、教育内容、教育规律等方面的充分认识，确定幼儿数学教育的目标和重点，实施有幼儿、有内容、有重点、有策略的有效教育活动。

幼儿的数学学习是一个从具体到表象再到符号理解的渐进过程。教师遵循幼儿数学关键经验发展的特点，将幼儿视作积极主动、有能力的学习者，运用多元表征、情境探索、手脑并用等灵活的方式，为幼儿提供将数学和其他领域有机整合的情境，激发幼儿主动建构的动机，促进他们基于自己已有的经验改造、发展、提升出新的经验，并充分地感知、积累、运用数学经验。

如，从小班开始，幼儿能够探索物体较明显的形状特征，运用看、摸等多种感官感知、探索圆形、正方形、三角形的显著特征。中班幼儿可以认识和命名更多的图形及其变式，也能够按照图形边、角的基本特征对图形进行分类，在立体图形上找到平面图形。基于此，教师可以鼓励幼儿用小棒拼图形、用模具压图形、用皮筋绷图形、描出立体积木的某个面、将图形片分类等，通过多种形式的活动丰富关于图形的相关经验。

了解幼儿数学关键经验的发展不仅使教师的教育手段、策略更加灵活，也增强了教师对幼儿数学思维的敏感性及对其数学学习支持的有力性。当幼儿受到三角形摆放位置的干扰，认为倒过来的三角形不是三角形时，教师不是只鼓励幼儿“你可以再试试”，而能够提供更加有效的支持策略，如请幼儿将该图形转一转，发现转过来之后就和平时看到的三角形一样，引导幼儿迁移自身经验发现倒过来的自己还是自己等，帮助幼儿克服空间位置对图形感知的影响，使幼儿发展了认识平面图形各种变式的关键经验，也让幼儿获得了顺利解决问题的成功感，保护了幼儿对数学的兴趣。

二、了解幼儿数学关键经验发展的方法

每名幼儿都有着与生俱来的独特性，幼儿的数学学习与发展也有着显著的个体差异，不仅表现在思维发展水平上的差异、发展速度上的差异，还表现在学习风格、解决问题的策略等方面的差异。不同幼儿对数学的理解、出现的困难、产生的原因其实都不尽相同。这就需要教师有效地了解幼儿数学关键经验的发展路径，具体地分析发展情况与原因，进而因材施教。一般说来，我们可以从以下四个方面了解幼儿数学关键经验发展的情况。

1　看结果

与其他领域相比，数学有一个较为明显的特征，也就是在通常情况下数学活动的操作结果往往有客观性、可检测性。因此，这也是教师了解幼儿数学关键经验发展最易使用的一种方法。比如，向幼儿出示一排 10 个苹果，请幼儿数一数有多少个苹果。有的幼儿可以正确使用点数的方法数出有 10 个苹果，并说出总数“有 10 个苹果”，有的幼儿却说“有 8 个苹果”。有没有数对是显而易见的，教师可以据此判断两名幼儿的发展水平是不同的。但依据操作结果只能判断出幼儿数学关键经验的主要发展水平如何，具体表现出的差异是怎样的，有哪些原因导致了这些差异，需要在哪些方面给幼儿提供帮助等光看结果常常无法给予教师更多的参考，这就需要教师更加全面地去获取信息。

2 观行为

如上所述，操作结果只是幼儿数学关键经验发展的一个方面，教师要静心观察幼儿操作的过程，更加细致地分析幼儿发展的情况，从而找到幼儿需要支持的地方。就像幼儿在计数一排 10 个苹果时，同样都是正确数出有 10 个苹果，有的幼儿每数一个都需要拿走一个，有的幼儿虽然不需要拿走苹果但每次都要用手在苹果上点一下，还有的幼儿不需要用手点，可以随着眼球的移动在心里默数出 10。而对于数错的幼儿，有的幼儿会手指得快口报数词慢或者手指得慢口报数词快，有的幼儿会漏数或者重复数某个苹果，有的报数词的顺序不正确，如 7 后面报了 9，还有的边数苹果边报数词是正确的，但一问总数就随便报一个数或者反复重新再数。可见，在同样的计数结果背后，幼儿的具体表现却是非常多样的，这也反映出每名幼儿的发展需求不同。对于一边移动一边数苹果总数的幼儿，教师可以提供一些不可移动的物体，增加活动的挑战性；对于手口物不一致的幼儿，教师要强化其指一下、报一个数词的对应能力；对于不熟悉数词顺序的幼儿，要经常为其提供唱数的机会；对于无法说出总数的幼儿，则要帮助其明确数到的最后一个数就表示总数。所以，教师要从幼儿行为的过程中敏锐地把握发展的差异，思考支持的策略。

3 听讲述

语言是思维的体操，在维果茨基看来思维的发展由语言决定，儿童的逻辑发展直接得益于他的社会化言语——语言的掌握。幼儿基于自己的经验、探索和问题解决的过程，用非正式的语言进行交流和表达的过程，可以帮助教师更加深入地了解幼儿数学思维发展的情况。如，当幼儿将一堆图形片按形状分类后，教师询问幼儿“你是怎么分的”，有的幼儿会说“它们一样”，说明该幼儿能够感知、辨别图形，但不能以命名的方式说明分类标准。有的幼儿会回答“它们都是正方形、它们都是圆形……”，反映出该幼儿能够用命名的方式说明分类标准。再如，当幼儿用两种自然物测量了同一个物体的长度后，教师问“都是量这张桌子的长度，为什么用小棒和用长棍量出来的结果不一样呢？”，有的幼儿可以回答出小棒短所以用的数量多、长棍长所以用的数量少，而有的幼儿只能强调结果不一样或者用的工具不一样，但还不能用语言表述出测量工具长短和所用测量工具多少之间的关系，可见虽然此时该幼儿能在操作上完成测量，但在思维上还没有真正理解其中蕴含的函数关系。教师也不能认为幼儿已经达到大班所提出的“理解测量同一长度时，单位长度的长短和所需单位数量之间的相反关系”。因此，鼓励幼儿讲述操作的过程和结果以及充分表达自己的想法，耐心倾听幼儿的语言表达是了解幼儿数学关键经验发展的重要一环。

4 读表征

《幼儿园保育教育质量评估指南》提出“重视幼儿通过绘画、讲述等方式对自己经历过的游戏、阅读图画书、观察等活动进行表达表征”，表征能力是幼儿重要的过程能力。数学符号本身就是对事物所蕴含的数量关系的一种抽象表征方式。幼儿在表示物体数量或几何特征时，书面的数字、符号或算式以及幼儿头脑中的表象、简单的图画都是他们的表征方式。教师应允许和鼓励幼儿用自己的符号或方式来表示数学内容。通过幼儿的自主表征，教师可以从中观察幼儿是如何认识数学概念的，他们经历了怎样的逻辑推理过程。如，中班幼儿对数字已经有了较多的经验，他们能够说出数字 4 可以表示 4 个糖果、4 棵树等，当请幼儿将物群卡按数量分类并用数字印章印出相应的数字时，教师时常会看到这样一种现象，即幼儿看到分类盒里有 4 张数量为 4 个的物群卡，就在白纸上印出了 4 个 4，因为幼儿认为每一张物群卡都要送一个 4 才行，这时教师可以发现幼儿还没有在真正理解数字 4 的基数意义，知道一个 4 就可以表示数量为 4 个的所有物群。再如，幼儿自主表征分纽扣的结果，有的幼儿可以使用分类标记加数字的方式表示出自己是按什么分的，每类有几个，有的幼儿虽然分出了不同的类别但表征时仍然是描画了每一个纽扣的样子。从幼儿的表征方式上，教师能够进一步丰富对幼儿数学关键经验发展的了解。

第二节　支持幼儿数学关键经验发展的策略

一、运用多元的活动途径

幼儿园的教育活动是教师以多种形式有目的、有计划地引导幼儿生动、活泼、主动活动的教育过程。教师支持幼儿数学关键经验发展主要运用集体教学、区域活动、日常生活三种活动途径，根据幼儿的需要合理安排，因时、因地、因内容、因材料灵活运用，充分发挥各自的教育价值。

1　有计划、有目的的集体教学

数学集体教学活动是教师根据幼儿数学教育目标，有计划、有目的地选择教育内容，提供相应材料，面向幼儿集体开展的，促进幼儿数学学习与发展的教育活动。

幼儿数学关键经验的发展具有阶段性的特点，前后经验之间有着密切的联系。高质量的、系统的、有目的的集体教学能够全面反映幼儿数学学习各方面的内容，又能体现幼儿数学学习的年龄特点，通过循序渐进的编排与实施，将幼儿数学关键经验有机组织起来，为幼儿的发展搭建有序的阶梯。

这种系统的组织，促使教师在活动前仔细地思考活动目标、幼儿可能遇到的问题，充分地准备供幼儿探索的材料及有针对性的指导策略。在幼儿自主探索、主动操作的基础上营造集体讨论交流的氛围，帮助幼儿将个体探索的零散经验在集体中进行表达、分享，进而发展相应的数学关键经验。

由于小、中、大班幼儿身心发展的规律，集体教学活动在不同年龄段的时长也不相同，一般来说小班 15—20 分钟，中班 20—25 分钟，大班 30—35 分钟。通常分为导入环节、操作环节、评价环节。

导入环节是数学集体教学的初始阶段，主要目的在于激发幼儿参与数学活动的兴趣和探究欲望，引导幼儿了解操作活动的内容，明确活动中要做什么、怎么做，对一些关键要点进行初步的讨论。教师在导入环节可以借助幼儿熟悉的生活情境、感兴趣的游戏活动或者已有的前期经验，引发幼儿对数学问题的关注。如，大班活动“一把抓多少”作为估数的第一个活动，其目标就在于帮助幼儿理解估数的意义，对物体数量有初步的数感。鉴于活动采用两两合作游戏的方式，导入环节教师就通过出示一筐蚕豆（或其他材料），邀请一名幼儿与自己一起玩“抓一把”的游戏，促使幼儿在观察师幼游戏的过程中明确游戏的玩法，知道这个游戏需要两个人一起玩，一个人用力抓一把，然后各自猜测抓了多少，再数一数实际抓出的数量，最后比一比谁猜得更准。在演示玩法的基础上，师幼也对抓取的结果进行了猜测，教师会发现不少幼儿对“谁猜得更准”尚不理解，他们认为只有猜的结果和数的结果一样才是准，此时教师就需要帮助幼儿明晰“猜得更准”是指谁猜的结果离数的结果更近，不一定要一样。

操作环节是数学集体教学的主体部分，也是最为关键的环节。通过多样化的小组操作活动，让幼儿自主选择、积极探索，获得个性化的操作经验。小组操作材料的不同类型、不同层次，能够满足幼儿归纳思维发展的需要以及根据自己的发展水平与步调进行选择、尝试。在“一把抓多少”活动中，虽然游戏的玩法都是一样的，但教师提供的每组材料却不同，有扁扁的蚕豆、小小的莲子、鼓鼓的草莓玩具等。这既让幼儿在玩不同材料时都有尝试的兴趣，又具有不同的难度挑战，如小小的莲子因为体积小、抓取的数量就会多，幼儿在猜测、计数以及判断哪个数更接近时就更困难，同时幼儿也会感受到抓取的数量和材料的大小有关。幼儿在操作的过程中，让自己的思维与材料环境相互作用，发展起自己对数学关键经验的理解。

评价环节是数学集体教学的结束阶段，却具有画龙点睛的重要作用。在教师的组织和引导下，幼儿对操作过程、操作结果等进行集体的交流与分享，解决存在的问题，反思操作的困难，提炼有效的方法，聚焦经验的提升，将幼儿在自主操作环节获得的零散个体经验系统化。就如在幼儿反复进行“一把抓”游戏的基础上，教师组织幼儿讨论了游戏中遇到的问题，有的幼儿就提出不能只抓几个，也不能看过再猜测，这些看似与游戏规则相关，但实际也蕴含了对估数的理解。之后，还引导幼儿交流“怎样猜得准”的方法，发展初步的数感。因此，教师应高度重视评价环节，让幼儿在评价过程中感受数学学习的意义。

2 自主开放、个别化的区域游戏

幼儿园应“以游戏为基本活动，确保幼儿每天有充分的自主游戏时间，因地制宜为幼儿创设游戏环境，提供丰富适宜的游戏材料”，因此，教师会在班级中开辟不同的区域，以满足幼儿自主探索的需求。数学区域游戏是幼儿在班级的一个区域内，自主选择其中的数学操作材料，按照自己的意愿进行的游戏活动。它是一种开放、自由、自主的活动，以材料为载体，以幼儿为中心，由幼儿决定玩什么、和谁玩、怎么玩，自主掌控游戏的过程。在游戏的过程中，幼儿调动已有的数学经验，按照自己的兴趣和速度进行探索，进而不断地丰富相关数学经验，实现多方面的发展。如在数学区域里，教师提供了不同颜色、大小的糖果和图形片。幼儿可以选择玩糖果，也可以选择玩图形片；可以将它们按颜色、大小、形状分类，也可以数一数有多少糖果、图形片。幼儿在反复使用这些材料的过程中，不仅会不断地更新玩法，让材料具有可玩性，也会逐步发展按物体外部特征分类的能力，感知物体具有不同维度的特征。

相较于集体教学，区域游戏能够更好地满足幼儿好玩、好游戏的天性，契合幼儿数学发展的个体差异。在大班末期，教师可以在数学区域中投放百数表，引导幼儿“借助百数表初步感知100以内数的系统，初步理解数系统的排列规律”。游戏时，幼儿不需要像在集体教学中那样，在较短时间内发现、讨论横排、纵列数字排列的规律，而可以有更加充足的自主探索时间。如，有的幼儿会在接触到百数表之后，将数字片一一取下来，看看上面分别是数字几，数一数是不是有100个。然后根据底图将数字片还原，直至能够摆脱底图自主还原数字片以及灵活地运用横排每个数字差1、纵列每个数字差10的规律判断缺的是几。在游戏中，我们还能看到幼儿超越其目前年龄和日常生活的行为，创造了幼儿的最近发展区。如，小班幼儿贝贝给“娃娃”送完“食物”后，从前往后依次读了读自己送了什么，却发现前面摆出了“饮料、甜甜圈、蛋糕、饮料、甜甜圈、蛋糕”的ABC模式，当她看着最后一组是“饮料、蛋糕、甜甜圈”时，思考了一会儿，将蛋糕和甜甜圈的位置对调。从幼儿年龄及日常的活动经验来看，贝贝还没有接触过ABC模式，但已有的AB模式经验和游戏中偶发的情境引发出了她的新经验。

游戏是幼儿自主的、个性化的行为，但不意味着教师就完全放任不管，不能实施任何指导，只不过教师的指导应以隐性的、个别化为主。在区域游戏中，教师的指导时常隐含在数学区域环境的创设和材料的提供中。区域材料的提供需要基于幼儿当下数学关键经验的发展，体现数学关键经验的内核，并使之适应幼儿活动的方式，吸引幼儿选择、探索。同时，当教师发现幼儿游戏时出现一定的困难，可以通过调整材料、提问引导等方式进行个别化的指导。

3 自然随机、凸显应用的日常生活

数学虽然是对事物数、量、形等关系抽象的结果，但它必须建立在具

体事物的基础上，所以数学不仅具有抽象性，更具有现实性。它源于现实，又应用于现实。因此，幼儿数学教育必须回归幼儿的真实生活。首先，现实生活是幼儿数学学习的重要源泉，他们从出生起就生活在一个充满数学的环境中，让他们不知不觉、自然而然地获得了丰富的数学感性经验。生活中的数学为幼儿提供了非正式的数学经验，为他们数学概念的建构积累了丰富的经验基础。其次，日常生活中出现的数学现象和数学大多是在自然状态下发生的，并伴随着幼儿的生活反复出现，这就让幼儿能够经常接触数学，感受数学就在自己的身边，它是非常有趣、生动的，幼儿可以按照自己的意愿、兴趣与能力，注意和探索数学现象，发展数学关键经验。最后，日常生活为幼儿提出了运用数学解决问题的需要，这种出于解决现实问题的需要，能够激发幼儿主动探究的兴趣，积极调动已有的数学经验，巩固对数学概念的理解，体会数学的有趣、有用。幼儿抽象数学知识的巩固有赖于联系和应用的活动，指向应用的数学学习也具有更加长效的教育影响。

与集体教学、区域游戏相比，日常生活中发生的数学学习更加自然、随机，它不会根据排列好的顺序，将数学关键经验按时定点地“推送”到幼儿面前，而是极为松散、偶发的，或许它的出现刚好跟幼儿目前的数学关键经验发展水平契合，或许它远远超出了幼儿当下的发展水平。此时，教师需要对数学有敏锐的感知和专业的判断，抓住生活中适宜的教育契机与幼儿进行数学的讨论和交流，鼓励幼儿进行探索。如，在幼儿使用生活中的物品时，教师可以鼓励幼儿说说这是什么、是用来干什么的、可以和什么放在一起，像盥洗室里的肥皂是用来洗手的，它和肥皂盒放在一起。这虽然看起来是生活问题，但教师在和幼儿交流的过程中，可以帮助幼儿明晰不同物品之间是否有关联，发展将相关物体进行匹配的关键经验。

除了关注幼儿在园的日常生活，家庭生活也同样重要。有研究显示，家长的教育水平和其他家庭因素对幼儿早期的数学学习会产生重要的影响，家长对幼儿数学学习的积极态度、为幼儿提供良好的操作材料与环境，与幼儿经常谈论数学，都会成为幼儿数学关键经验发展的积极动力。

二、借助多样的材料支持

皮亚杰认为，幼儿对周围世界任何现象和事物的理解都需要经历一个由外及内的动作内化过程。即幼儿需要先通过外部的动作与材料交互作用，获得最初的、直接的、具体的、外部动作层面的感性经验，随着类似经验的积累，幼儿才能将原来依赖外部动作的认识过程逐步内化。基于材料的操作和多种感官参与的体验过程是幼儿数学关键经验发展的必要基础。所以，要为幼儿提供多样化的材料，让他们与材料有效互动，迁移经验、主动建构。

1 有规则的操作游戏

操作是幼儿学习数学最基本的方法，他们通过操作、摆弄具体实物，将具体的动作内化于头脑，在动作的基础上建构起数学知识，发展数学关键经验。有规则的操作游戏既保证了幼儿有可探索的材料，又将数学关键经验的核心内容与游戏的规则紧密结合，促使操作游戏与幼儿当下的数学发展相适应，让幼儿在按规则游戏的同时体验其中蕴含的数学关系。

为了帮助幼儿理解“1”和“许多”的关系，“喂瓶宝宝吃草莓”的游戏就要求幼儿每次只拿或者放一个草莓，边操作的时候边讲述“我拿了（或放了）一个草莓”，不能一次拿（放）多个草莓。在幼儿操作的过程中，教师也会特别有意识地关注幼儿是否只拿了一个，如果拿多了会提醒幼儿只拿一个。通过对规则的强化，幼儿会在摆弄材料的过程中感知是因为自己每次拿一个草莓，一个草莓、一个草莓……，许多草莓才变没有的。同样的，因为自己每次放一个草莓，空瓶子里才会有许多草莓。借助这样的操作规则，幼儿在动作的基础上，理解一个、一个……，变成了许多，而许多分成了一个、一个……。在小班幼儿按照实物范例的数目或点子的数目拿取等量的物体时，教师也会请幼儿一次性取出相应数量的实物拿到手上，再送给指定的物群卡或点卡，其目的就是为了促使幼儿关注两个集合间的数量关系是相等的，而不是只依靠空间关系去判断。可见，数学操作游戏的规则不是为了限制幼儿自主、自发的游戏，而是为了支持幼儿理解数学关系，发展数学思维。

2 低结构的开放材料

数学是严谨的，高结构、有规则的操作游戏固然能够帮助幼儿按照数学学习与发展的路径理解数学关系，但并不意味着数学游戏只能是一板一眼的规则游戏，低结构的开放材料不但能够满足幼儿按照自己的想法进行游戏的内在需求，萌发幼儿对材料的探索兴趣，还能让幼儿感受数学的有趣和有用，激发幼儿的想象力和创造性。

如，教师将长短不同的树枝投放到班级里，幼儿发现树枝有长有短，自发地将它们按照从长到短的顺序排列了起来，还拿来班级里的拇指琴，说琴键和树枝一样也是按从长到短的顺序排的，并煞有其事地敲击起树枝，因为不同树枝敲出的声音听起来也不同。还有不同颜色的水晶立方块，有的幼儿在游戏结束时将水晶立方块按颜色分类摆放；有的幼儿将水晶立方块一块接一块地连接在一起测量桌子的长度；有的幼儿用水晶立方块搭出了类似城堡的不同造型，观察每个面是由哪些颜色的立方块组成的；还有的幼儿每次拿取一种颜色的水晶立方块，每种颜色的数量还依次递增……。同样的水晶立方块，幼儿却玩出了不同的花样，其中涉及分类、自然测量、空间视觉化、数量排序等数学关键经验。幼儿探索低结构、开放性材料时，展现了数学思维及其运用的能力。当然，在提供低结构的开放材料时，教师应巧妙地将数学元素融入其中，如有大小、长短、颜色等差异的同种材料，蕴含形状特征的材料等。

三、展开聚焦的交流讨论

数学发展与语言发展之间存在着大量的双向联系，在幼儿数学学习的过程中，来自成人、同伴之间的语言刺激、交流互动对他们理解和发展数学关键经验同样重要，幼儿的沟通和表征能力也是其数学发展的重要目标。教师为幼儿营造交流数学的共同体，鼓励幼儿充分地表达与互动，能够实现良好的社会建构，促进幼儿在与成人、同伴共同活动的过程中内化、发展数学认知。

1 聚焦数学关键经验的归纳提炼

与故事、事件等日常语言表达不同的是，在交流讨论数学问题时，教师应紧扣数学关键经验的核心，充分运用数学语言与幼儿展开交流互动。如，中班幼儿理解数字的基数意义是重要的数学关键经验之一，当幼儿将物群卡按照数量进行分类后，教师可以追问幼儿“为什么这两张都是萝卜，它们却没有放在一起”“数字 5 除了可以表示 5 个萝卜、5 个苹果，还可以表示什么”，这些问题都帮助幼儿聚焦物群的数量，明确不管物体是什么，只要数量都是 5 个就可以放在一起，就可以用数字 5 来表示。还有在认识三角形不同变式时，幼儿通过描三角形、找三角形、绷三角形等不同形式，发现三角形是多种多样的，在分享交流时发现三角形虽然各不相同，但是都有三条边、三个角，所以都是三角形。因此，围绕数学问题的交流讨论不应漫无边际，而要聚焦数学关键经验的要点进行归纳与提炼。

2 聚焦思考和操作过程的自主表达

教师在幼儿操作的基础上，通过“你是怎么做的”“你是怎么知道的”“你为什么这样做”“你遇到了哪些问题”等开放性的问题，鼓励幼儿运用非正式、正式的表达方式持续地互动，既能够帮助幼儿整理自己的思维，将操作时的零散感性经验有机地统一起来，也有利于发展幼儿的真实需要以及语言表达能力等。如，在学习两个 2 个数、五个 5 个数时，当请幼儿说说是一个一个数快，还是 2 个（5 个）2 个（5 个）数快时，不少幼儿都说一个一个数更快，因为 2 个（5 个）2 个（5 个）数时会不知道下面应该报什么数，很容易出错等，从中教师就可以发现幼儿此时的操作经验不足以让他们认可按群计数是更快捷的方法，以及其中的症结在于幼儿按群计数经验尚不丰富、对 2 个（5 个）2 个（5 个）数时的数词顺序还不熟悉，这时教师可以充分地接纳幼儿对操作感受的表达，鼓励他们在生活中多去体验与尝试，发现按群计数也是一种有用的计数方法。

3 聚焦多种问题解决策略的分享

由于幼儿学习特点、认知方式、操作经验等方面的个体差异，他们在解决某一数学问题时所运用的解决策略也有着明显的不同，教师有意识地观察、发现幼儿多样化的解决策略，并为幼儿提供相互交流、分享的机会，有利于幼儿彼此相互学习，从他人的方法中汲取经验。如，大班“撒花片”活动中，幼儿要将撒出花片的结果记录下来，有的幼儿在记录单上画出每朵花，有的用数字和颜色标记来表示，有的用相应颜色的数字来表示，虽然记录方法不同，但是都正确记录了撒花片的结果。还有在用一个工具测量长度时，每次移动测量工具时，有的幼儿用指尖抵着做标记，有的幼儿用铅笔在相应的位置画一下，这些方法都尽量保证了测量结果的准确性。幼儿不同的解决策略没有优劣之分，教师可以开拓幼儿的思路，让他们在面对不同情境时灵活运用。

具体各关键经验的解析与指导策略详见后续章节。

第二章

小班数学关键经验解析与活动指导

第一节 数与量

一、数的意义

关键经验

在动作的基础上，理解“1”和“许多”之间的关系（即1个、1个……合起来是“许多”，“许多”可以分成1个、1个……）。

（一）关键经验解读

1. 在动作的基础上，理解“1”和“许多”之间的关系，能使幼儿感知集合并对集合中的元素产生清晰的认识，为学习逐一计数和形成数概念奠定基础。

2. 这一关键经验包括三个核心。

（1）区分“1”和“许多”。“1”是指只有1个元素的集合，如1只猫、1个苹果、1个草莓、1个杯子、1只狗。而含有两个以上元素的集合都是“许多”，如2个苹果、6条鱼、9个球。

（2）理解“1”和“许多”的关系，即“1”是“许多”的基本单位，“许多”是由一个一个元素构成。

（3）对“1”和“许多”关系的理解要建立在动作基础上，也就是说通过动手操作，亲手将“许多”物体分成“1个、1个……”，再将“1个、1个……”的物体合成“许多”。

（二）已有经验基础

幼儿在生活中会用“还要”“多多的”表达自己对量的要求，对集合也有初步感知，如知道一堆苹果、许多糖果。

（三）幼儿常见行为表现

为了帮助幼儿理解“1”和“许多”的关系，成人会请幼儿每次拿一个物体来变成“许多”，幼儿常常会有以下表现。

1. 幼儿每次拿一把而不是拿一个，说明他们只关注“许多”，而没有意识到“许多”要由“1 个、1 个……”组成。

2. 请幼儿讲述“你是怎么做出许多 ××”时，幼儿说不出来，说明他们还没有理解“许多”是怎么来的。

3. 幼儿每次拿一个，能用“我是一个一个拿的”等语言回答“怎么做出许多 ××”。

（四）教育途径与方法

1. 集体教学

为了帮助幼儿理解“1”和“许多”的关系，教师在“喂瓶宝宝吃草莓”活动中，利用瓶宝宝、草莓引导幼儿多次感受“1”和“许多”。在呈现瓶宝宝、草莓时，教师都会引导幼儿说说有多少；请幼儿每人拿一个草莓或者放一个草莓时，鼓励幼儿讲述“我拿了、我喂了一个草莓”；既有从“许多”变成“1”个的过程也有从“1”个变成“许多”的过程，同时通过“刚才的许多草莓到哪里去了？”“现在瓶宝宝肚子里有多少草莓？”“你刚才喂了几个草莓？”等问题引导幼儿理解“1”和“许多”之间的关系。

2. 区域活动

活动名称：穿树叶

材料：绳子，树叶串珠若干。

玩法：幼儿每次穿一片树叶，一边穿一边说“我穿了一片树叶”。

3. 日常生活

鼓励幼儿在生活中用多种感官寻找“1”和“许多”并用完整的语言描述，实际运用“1”和“许多”，如1个娃娃、许多动物、许多小鱼。

关键经验

根据标记将相同的物体集中在一起，进行简单的归类。

（一）关键经验解读

1. 根据标记将相同的物体集中在一起，进行简单的归类，是幼儿集合能力发展的初始阶段，因此它是幼儿刚开始学习分类的主要活动。

2. 这一关键经验包括两个核心。

（1）理解标记所表示的意义，即代表某种物体或物体的某一特征。

（2）在给定物体中，找出所有与标记一样或有相同属性的物体。

（二）已有经验基础

幼儿能够感知物体的外形、颜色、大小等特征，如能在一堆水果中区分哪个是苹果、哪个是香蕉，哪个是红色、哪个是绿色。

（三）幼儿常见行为表现

幼儿按照分类盒上的标记将物体归类摆放到分类盒里时，常常会有以下表现。

1. 不关注标记，随意将物体放到分类盒里，说明幼儿不理解标记的作用。

2. 只找出少数与标记相同的物体，说明幼儿不理解标记抽象概括的意义。

3. 归放时遗漏了部分与标记相同的物体或错放了个别物体，说明幼儿不能坚持按标记寻找。

4. 根据标记将所有物品归放到分类盒里，并能说出归放的理由。

（四）教育途径与方法

1. 集体教学

“大大小小的树叶”是一个按大小标记归类的活动，教师在活动中引导幼儿通过观察标记的样子、动作模仿等方式认识大小标记。

随后，鼓励幼儿在送树叶的过程中一边送一边说，理解大小标记的意义。

最后，教师通过增加干扰因素，即在纽扣玩具中增加了个别颜色不同的纽扣，进一步提升幼儿对大小标记的理解。

2. 区域活动

活动名称：送水果宝宝回家

材料：苹果、香蕉、草莓等若干，贴有水果轮廓标记的分类盒1个。

玩法：幼儿看看轮廓标记是哪种水果，然后将水果按标记放到相应的格子里。

3. 日常生活

在日常生活中，教师可以利用许多环境资源引导幼儿进行归类，如提前在建构区的柜子上贴上各种积木的轮廓标记，引导幼儿按标记收拾积木。

关键经验

按物体的一种外部特征（颜色、形状、大小、高矮、长短）进行简单的分类。

（一）关键经验解读

1. 按物体的一种外部特征（颜色、形状、大小、高矮、长短）进行简单的分类，就是根据物体的某一外在的知觉特征进行分类，它对幼儿感知集合的包含关系，促进幼儿思维发展都有重要意义。

2. 这一关键经验包括两个核心。

（1）通过观察、比较等方法识别出物体所具有的外部特征，如树叶是绿色还是黄色，是大的还是小的。

（2）排除其他特征的干扰，只根据一种外部特征将物体区分开来，即只要物体具有选定的特征，那么不管其他特征怎样都要把它挑选出来。

（二）已有经验基础

幼儿能够感知物体的颜色、形状、大小等外部特征，能按照标记将物体归类摆放。

（三）幼儿常见行为表现

幼儿按颜色将图形片分一分时，常常会有以下表现。

1. 随意将图形片分成几堆，仍是将不同颜色、形状、大小的图形片混放，说明幼儿不理解什么是按颜色分类。

2. 刚开始能按颜色分类，但后面又按其他特征分类，说明幼儿会受到形状、大小等其他外部特征的干扰，无法坚持按一种特征分类。

3. 会按形状或大小等其他特征进行分类，但没有按颜色分类，说明幼儿有分类意识和能力，但对给定的分类标准不敏感。

4. 幼儿可以按颜色将图形片分类。

（四）教育途径与方法

1. 集体教学

按颜色分类需要幼儿抽象出物体的颜色属性，将相同颜色的物体放在一起。教师可以“整理花店”的情境导入，引导幼儿观察花的异同，帮助幼儿了解按颜色分类的活动要求。

评价环节引导幼儿大胆地讲述自己分类的方法，巩固对颜色分类的理解。

2. 区域活动

（1）活动名称：装糖果

材料：红、黄、蓝色自制糖果若干，红、黄、蓝色颜色标记若干，透明食品袋若干。

玩法：幼儿先观察糖果的不同，然后按颜色将糖果装到不同的袋子里，最后贴上相应的颜色标记。

（2）活动名称：分饼干

材料：三角形、圆形、正方形的自制饼干若干，三角形、圆形、正方形的标记若干，小筐若干。

玩法：幼儿先观察饼干有哪些不一样的地方，再将一样的饼干放在一起，然后插上相应的标记。

3. 日常生活

整理游戏材料时，可鼓励幼儿按照物体的形状、颜色等特征分类，如将娃娃家的玩具分一分。

关键经验

根据物体的特点、关系寻找相关物体，将相关的物体相匹配。

（一）关键经验解读

1. 根据物体的特点、关系寻找相关物体，将相关的物体相匹配，有利于幼儿形成对应的观念与方法，是他们运用一一对应方法计数、做等量集合以及集合数量比较的基础。

2. 这一关键经验包括两个核心。

（1）感知和体验物体的特点、关系，如碗、勺子是用来吃饭的，牙刷、杯子是用来刷牙的。

（2）要根据物体间具有的相互关系将它们进行匹配，如手枪是警察用的、针管是医生用的，所以将它们对应摆放在一起。

（二）已有经验基础

幼儿知道常见物体的特点、用途等，了解熟悉物体之间的相互关联。

（三）幼儿常见行为表现

幼儿在匹配相关联物体时，常常会有以下表现。

1. 说不出某些物体的特点、关系，说明幼儿在生活中缺少有关这些物体的经验，从而给匹配带来困难。

2. 认识需要匹配的物体，但无法从一组物体中发现与它相关的物体，说明幼儿还不能把握物体间的内在联系。

3. 认识需要匹配的物体，能准确地将相关联的物体进行匹配，并且能说出物体之间的关联。

（四）教育途径与方法

1. 集体教学

教师以“请小动物做客”的情境导入，鼓励幼儿说一说每种小动物都喜欢吃哪种食物，再将食物送给相应的小动物，发展幼儿根据物体的特点、关系匹配相关联物体的能力。

幼儿送完后鼓励他们说说怎么给小动物送食物的，为什么这样送，巩固幼儿匹配相关联物体的经验。

2. 区域活动

活动名称：我是小帮手

材料：排序板（上面一排贴有毛巾、梳子、牙刷等图片），小碟子里放盆、发绳、牙膏等图片。

玩法：幼儿先看看排序板上有哪些物品，再看看小碟子里有哪些物品，将小碟子里的图片放到排序板上相应图片的下面，并说出自己这样摆放的理由。

3. 日常生活

幼儿使用生活中的物品时，可以鼓励幼儿说说这是什么，用来干什么，可以和什么放在一起，如洗手时发现肥皂盒是用来放肥皂的等。

关键经验

用一一对应的方法做等量集合。

（一）关键经验解读

1. 帮助幼儿感知集合的数量属性，发现集合之间的等数性，建构数的实际意义，从而理解数的抽象性。

2. 这一关键经验包括两个核心。

（1）使用一一对应的方法，即将一个集合中的每一个元素与另一个集合中的每一个元素分别相互对应，如给一个娃娃送且只送一件衣服。

（2）要根据集合的数量属性进行匹配和操作，使两个集合内的元素数量相等。

（二）已有经验基础

幼儿有对应的经验，能将相同物体或相关联物体对应匹配在一起。

（三）幼儿常见行为表现

幼儿给一组物体取出数量相等的另一组物体时，常常会有以下表现。

1. 不能将两组物体一一对应，出现一个物体对应多个物体或没有物体对应的现象，说明幼儿缺乏一一对应的经验。

2. 由于手眼不协调使得对应摆放出现偏差，导致看上去两组物体的数量相等，但实际上并未一一对应，进而影响了最终的结果。

3. 能一一对应摆放物体，但当一组物体较多时还会继续往下摆，说明幼儿没有等量概念，不知道两组物体数量相等后就不用放了。

4. 能将两组物体一一对应，使拿出的物体数量与指定的物体数量一样多。

（四）教育途径与方法

1. 区域活动

活动名称：动物来做客

材料：苹果若干（其他的水果、食物也可），小动物若干。

玩法：幼儿先将小动物排成一排，然后给每只小动物发一个苹果，发的时候说一说“××，请你吃一个苹果”。

2. 日常生活

午餐时可以请幼儿给桌上的小碗放勺子，鼓励幼儿运用一一对应的方法拿出与碗数量相等的勺子，如给每个碗里放一把勺子。

关键经验

进行20以内的唱数。

（一）关键经验解读

1. 进行20以内的唱数，就是口头进行20以内的数数。唱数是计数能力发展的第一个阶段，它与数数技能和对数的理解都有关系。

2. 这一关键经验包括两个核心。

（1）没有动作和具体被数的对象，只用嘴说出数词。

（2）按照顺序说出20以内的数词，如从1数到20，或者从5数到15，或者从20数到10等。

（二）已有经验基础

幼儿对20以内的数词比较熟悉，如会说1、5、9、14、18等。

（三）幼儿常见行为表现

幼儿从1数到20时，常常会有以下表现。

1. 开头几个数能够按照数序数，后面就出现混乱，如跳过某个数或者重复数某个数，说明幼儿对后面较大的数词顺序还不熟悉。

2. 数到9、19后开始出现混乱，说明幼儿在数词进位上有困难。

3. 如果遇到干扰，数数一旦中断就接不下去了，只能从1重新开始数，说明幼儿还不能灵活地掌握数序。

4. 幼儿能唱数到20，甚至更多的数。

（四）教育途径与方法

日常生活

（1）在生活中，如带幼儿上台阶、转圈时都可以进行唱数，教师的发音要清晰、速度要慢，便于幼儿倾听、熟悉20以内数词的发音和顺序。

（2）在过渡环节，教师可以借助一些带有数字的童谣、儿歌、歌曲，让幼儿在念一念、唱一唱的过程中自然而然地感知20以内的数序。

关键经验

手口一致点数 5 以内的物体，并说出总数。

（一）关键经验解读

1. 手口一致点数 5 以内物品，并说出总数，也就是 5 以内的按物计数，是小班幼儿计数能力发展的一个重要方面。

2. 这一关键经验包括两个核心。

（1）用手逐一地点数物体，同时有顺序地说出数词，使说出的数词与手点的物体一一对应，既不遗漏也不重复。

（2）点数物体后要说出总数，也就是用最后一个数词代表所数过的物体的数量，回答“一共有几个”的问题。说出总数是完整的计数过程的结束，幼儿只有能说出总数，才能称之为学会了计数。

（二）已有经验基础

幼儿能够进行 5 以内的唱数。

（三）幼儿常见行为表现

幼儿数物体有多少并回答物体总数时，常常会有以下表现。

1. 点数时出现手口不一致的情况，如手指得快口报数词慢或者手指得慢口报数词快。

2. 漏数了某个物体或重复数了某个物体。

3. 点数时说不出数词。

4. 能手口一致点数但说不出总数，如回答不知道、随便说一个数或重新再数一遍。

5. 能手口一致地点数并说出物体的总数。

（四）教育途径与方法

1. 区域活动

活动名称：模仿小动物叫

材料：数量1—5的动物物群卡若干，摸箱一个。

玩法：幼儿从摸箱中摸出一张卡片，数一数卡片上有几只什么动物，然后就学这种动物叫几声。

2. 日常生活

在生活中，教师可鼓励幼儿数一数身边物体的数量，如水池有几个水龙头，毛巾架上挂了几条毛巾……，丰富幼儿手口一致点数的经验。

关键经验

通过直接感知说出 3 以内物体的数量。

（一）关键经验解读

1. 通过直接感知说出 3 以内物体的数量，是幼儿数概念发展中的一种现象，能够帮助幼儿认识最初的数词与数量之间的联系。

2. 这一关键经验的核心是：不需要计数，直接通过目测就能报出物体的总数。

（二）已有经验基础

幼儿能说出 3 以内数词，即 1、2、3。

（三）幼儿常见行为表现

当出示 3 以内的物体，请幼儿很快说出物体数量时，幼儿常常会有以下表现。

1. 回答“不知道”或从 1 开始数，说明幼儿不能通过目测感知物体的数量。

2. 能用伸手指的方式表示物体数量但说不出总数，说明幼儿能够目测感知却说不出总数。

3. 当物体排成一排时能够目测出物体数量，排成其他方式时就说不出来，说明幼儿在目测时会受排列形式等因素的干扰。

4. 能通过目测很快说出物体的总数。

（四）教育途径与方法

1. 区域活动

活动名称：看谁说得快

材料：自制数量为1—3的玩具卡片若干张。

玩法：两名幼儿玩游戏，两人轮流抽取一张卡片，把卡片放在桌上的同时，看谁能更快地说出卡片上玩具的数量。

2. 日常生活

在生活中，教师可以引导幼儿感知不同排列形式的物体数量，如将3个杯子排成一排或者排成三角形等，说说物体有几个。

关键经验

感知 5 以内数量，学习给 5 以内的点子卡片匹配等量的实物。

（一）关键经验解读

1. 感知 5 以内数量，学习给 5 以内的点子卡片匹配等量的实物，能够让幼儿体验点子构成的集合与实物集合可以有相等的数量，逐步感知 5 以内数量的抽象意义。

2. 这一关键经验包括两个核心。

（1）能够手口一致地点数点子与实物的数量，明确点子有几个、实物有几个。

（2）将数量相同的点子集合与实物集合进行匹配，理解点子与实物之间数量相等的这一联系。

（二）已有经验基础

幼儿能手口一致点数 5 以内物体，并说出总数；会用一一对应的方法做等量集合。

（三）幼儿常见行为表现

幼儿在玩点物接龙时，常常会有以下表现。

1. 数错了点子或物品的数量，说明幼儿手口一致地点数 5 以内物体的能力还有欠缺。

2. 能够正确点数点子或物品的数量，但不会将数量相等的点子和物品接在一起，说明幼儿还不能建立两者的等量关系。

3. 能够正确点数点子或物品的数量，但会受其他特征的影响，导致不能将相等数量的点子和物品匹配。

4. 能够将数量相等的点子和物品匹配，将所有接龙卡正确接在一起。

（四）教育途径与方法

1. 集体教学

通过“接龙”活动的开展，可以帮助幼儿理解点子与物品的等量关系。导入时，教师要引导幼儿了解是将数量相等的点子和物品连在一起。

在评价环节，邀请幼儿展示自己的接龙过程，进一步理解点物匹配。

2. 区域活动

活动名称：买玩具

材料：1—5 的点卡若干，1—5 的玩具卡片若干（礼物可以包括毛绒玩具、电动玩具等）。

玩法：幼儿取一张点子卡片，数一数卡片上有几个点子，有几个点子就“买”和点子数量一样的玩具，可以同时“买”几张数量相同的玩具卡片。

关键经验

按实物范例的数目或指定数目取出相应 5 以内数量的物体。

（一）关键经验解读

1. 按实物范例的数目或指定数目取出相应 5 以内数量的物体，能够让幼儿在巩固点数能力、深化对总数理解的同时感知集合的数量属性，帮助幼儿理解数的抽象性，建构数的实际意义。

2. 这一关键经验包括两个核心。

（1）通过点数明确实物范例的数目以及理解指定数目的意义，如成人说“5 个”时，幼儿要能理解“5 个”是多少。

（2）根据确定的总数取出相等数量的另一实物，而不是通过一一对应的方式拿取物体。

（二）已有经验基础

幼儿能手口一致点数 5 以内物体，并说出总数；会用一一对应的方法做等量集合。

（三）幼儿常见行为表现

幼儿在根据卡片上物群数量拿取相应数量的实物时，常常会有以下表现。

1. 不看卡片上物群数量是多少，随意拿取实物，说明幼儿不明确要根据数量拿取物体。

2. 能够说出卡片上的物群数量是多少，但不能取出相等数量的实物。

3. 用一一对应的方法拿取实物。

4. 能根据确定的总数拿出相应数量的实物。

（四）教育途径与方法

1. 集体教学

能按实物范例的数目或指定数目取出相应 5 以内数量的物体对于小班幼儿来说是有一定难度的，他们需要先手口一致地数出范例的数量，再根据范例的数量取出同样数量的物体，最后再确定匹配得对不对。为了调动幼儿参与活动的兴趣，教师可以结合幼儿的生活经验，创设“我是小帮手”的情境。

在评价环节，教师可以邀请能够一次性取出实物的幼儿展示操作过程，巩固幼儿对集合数量属性的感知。

2. 区域活动

活动名称：快乐扮家家

材料：娃娃家的娃娃 5 个，锅、碗、勺等游戏材料若干。

玩法：幼儿将娃娃摆放整齐，再取出相应数量的游戏材料送给娃娃们，感受玩娃娃家游戏的快乐。

3. 日常生活

利用日常生活中的机会，多请幼儿当小帮手，如拿 3 只蜡笔、放 4 个小球等，发展幼儿按指定数目取物的能力。

关键经验

根据数量属性将数量为 5 以内的集合分类。

（一）关键经验解读

1. 根据数量属性将数量为 5 以内的集合分类，代表幼儿对数的抽象性的进一步理解，是抽象出数，形成数概念的重要步骤，同时也在发展幼儿计数、目测数群的能力。

2. 这一关键经验包括两个核心。

（1）关注集合的数量特征，将数量相等的集合放在一起，而不受颜色、形状等其他特征的影响。

（2）能够建立多个集合间的等量关系，而不是只将两个等量集合进行匹配。

（二）已有经验基础

幼儿能够手口一致点数 5 以内数量，并说出总数；有等量匹配的经验，如将 5 只小猫和 5 条鱼放在一起，2 个面包和 2 个小朋友放在一起；能按一种特征对物体进行分类，如将颜色一样的物体放在一起。

（三）幼儿常见行为表现

幼儿将一堆物群卡片按数量分类时，常常会有以下表现。

1. 会将物群卡按种类或颜色等外部特征分类，而不是按数量分类，说明幼儿易受到外部特征的影响，不能抽象出物群卡的数量特征。

2. 没有将所有数量一样的物群卡放在一起，只是将数量相等的物群卡一对一对地进行匹配。

3. 能将所有数量一样的物群卡放在一起。

（四）教育途径与方法

1. 集体教学

为了避免幼儿受到颜色、大小等外部特征的干扰，教师在导入环节应强调将“一样多的物体放在一起”，帮助幼儿明确以数量作为分类标准。

在活动中，教师可以通过提问“要将什么样的放在一起”、请个别幼儿尝试等方式来巩固幼儿对分类标准的理解。

2. 区域活动

活动名称：分蔬菜

材料：数量为3—5的蔬菜物群卡若干张，操作底图若干。

玩法：幼儿取出一份蔬菜卡片和一张操作底图，然后数一数卡片上蔬菜的数量，将蔬菜数量相同的卡片放在一层柜子里。

3. 日常生活

教师可以有意识地提供不同数量的游戏材料，巧妙地在生活中渗透按数量分类的游戏。

关键经验

用点子等非正式方法表示5以内的数量。

（一）关键经验解读

1. 用点子等非正式方法表示5以内的数量，是幼儿在学习正式的数符号系统之前就发展起来的能力，表明幼儿理解了所有数量为5的集合的共同特征，并把这一数量特征抽象出来，这一过程是学习运用数符号表征数量的基础。

2. 这一关键经验包括两个核心。

（1）能够运用点子、竖线、圆圈等没有具体形象的图符来表示数量，在图符与物体间建立等量关系。

（2）理解5个点子（或竖线、圆圈）等图符不仅可以表示5个苹果，还可以表示5只狗等所有数量为5的集合。

（二）已有经验基础

幼儿能够手口一致点数5以内的物体，能做5以内的等量集合。

（三）幼儿常见行为表现

幼儿在用点子等非正式方法表示5以内的数量时，常常会有以下表现。

1. 在表示物体数量时，幼儿会倾向于画出具体的物体形象，如表示4个苹果时就画4个苹果，而不是用点子或竖线、圆圈等抽象的图符来表示。

2. 给数量相同的每张物群卡都做了相应数量的点卡，如给画有两个苹果、两个桃、两个橘子的卡片都送了一张印了两个点子的卡片，而不能用一张印了两个点子的卡片表示所有数量是2的水果。

3. 在表示物体数量时，能运用点子、竖线、圆圈等图符来表示相应数量的物群。

（四）教育途径与方法

1. 集体教学

教师可以创设“整理物品”的情境，引发幼儿思考点卡与物群卡之间的关系，尝试用点子来表示物体的数量，激发幼儿活动的兴趣。

在幼儿操作时，教师要鼓励幼儿边操作边讲述“× 个点子可以表示 × 个 × ×”，体验点卡与物群卡之间的等量关系。

在评价环节，教师要引导幼儿将自己的操作材料拿到集体中分享，介绍自己的操作过程和结果，巩固对点子等图符表征意义的理解。

2. 区域活动

活动名称：有趣的连线

材料：操作底纸若干（上面画有数量是3—5的点卡、物群卡），勾线笔若干。

玩法：幼儿取出一张操作单，将相同数量的点卡和物群卡用连线的方式连起来。

二、数量关系

关键经验

用一一对应的方法比较 5 以内数量的多少。

（一）关键经验解读

1. 用一一对应的方法比较 5 以内数量的多少，是比较集合数量的一种可靠的方法，能够直观地感知数量之间多、少、一样多的关系。

2. 这一关键经验包括两个核心。

（1）将两组物体进行一一对应，即一组物体中的一个要对应另一组物体中的一个。

（2）要在对应的基础上比较出两组物体哪组多、哪组少，还是一样多。

当幼儿能够通过一一对应比较明确多多在哪里、少少在哪里时，说明他们真正理解了多、少、一样多的数量比较含义。

（二）已有经验基础

幼儿能够手口一致地点数 5 以内物体，有将两组物体进行一一对应的经验。

（三）幼儿常见行为表现

幼儿将两组物体一一对应，然后比较两组物体数量时，常常会有以下表现。

1. 不能正确判断哪组物体多、哪组物体少，或是一样多，说明幼儿对多、少、一样多并不理解。

2. 幼儿能够正确判断多、少、一样多，但却说不出多多在哪儿、少少在哪儿，说明幼儿并没有理解多、少的数量比较含义。

3. 幼儿虽然能够说出哪组多、哪组少，但不能用抽象的数词描述“几个多、几个少”。

幼儿将数量相差为 1 的两组物体变成一样多时，常常会有以下表现。

1. 不能将两组物体变成一样多。

2. 将一组物体中的一个放在另一组物体的两个之间。

3. 只能用添上一个或去掉一个的方法把两组物体变成一样多，而不能两种方式都想到。

4. 能用添上一个或去掉一个两种方法把两组物体变成一样多。

（四）教育途径与方法

1. 集体教学

运用一一对应的方法比较两个集合中元素的多少就是不需要幼儿说出数量是多少，而通过重叠摆放、对应摆放等方法比较多少。幼儿在活动中只要能对得齐就能很快比出多少。在比出多少后，幼儿还可以通过添一去一的方法使两个集合变成一样多。在集体活动中，教师可以通过“钉纽扣”的生活场景让幼儿直接地观察到洞孔和纽扣哪个多、哪个少。

接着，教师提供小组操作游戏，如“搭配服装”，引导幼儿进行活动，并提醒幼儿在活动中想一想，除了可以用添一的方法，还能用什么方法使两种物体变成一样多。

在评价环节，请幼儿说一说自己的游戏过程和方法，并和幼儿共同总结出添一去一的方法。

2. 区域活动

活动名称：去游乐场

材料：画有排序板的底板若干，每个小筐里装有5以内的娃娃和游乐设施，娃娃和游乐设施数量相差1或者相等。

玩法：每名幼儿取一个小筐里的游戏材料和一张排序板，先在排序板上按一一对应的方法摆好娃娃和游乐设施，比一比多少，再用添一去一的方法使娃娃和游乐设施一样多。

3. 日常生活

可利用日常生活中的过渡环节引导幼儿理解该关键经验，如每组幼儿吃饭时，看看桌旁的椅子和小朋友，比一比是小椅子多还是小朋友多；幼儿在入睡时，看看床铺的数量和小朋友的数量，比一比是床多还是小朋友多等。

关键经验

在感知的基础上将数量为 5 以内的集合按多少排序。

（一）关键经验解读

1. 在感知的基础上将数量为 5 以内的集合按多少排序，是为了帮助幼儿积累数量顺序的直观经验，体验数量依次多 1 的递增关系，为理解抽象的数序奠定基础，以更好地理解数序的实际意义。

2. 这一关键经验包括两个核心。

（1）将集合按照从少到多的顺序进行排列，体验数量从少到多的关系变化。

（2）对集合的排序是建立在感知的基础上，如在全范例的支持下或借助唱数经验进行排序，而不是通过比较集合的数量确定排序的顺序。

（二）已有经验基础

幼儿能够进行 5 以内唱数以及手口一致地点数 5 以内数量并说出总数，能通过一一对应的方法判断两组物体的多、少、一样多。

（三）幼儿常见行为表现

幼儿根据楼层从少到多排列好的楼房范例重叠摆放楼房卡片时，常常会有以下表现。

1. 随意摆放楼房卡片，不关注楼房卡片与范例上的楼房是否重合，说明幼儿不太清楚要做什么。

2. 能正确摆放部分楼房卡片，但如果其中一张有错的话，幼儿不太容易进行调整。

3. 正确摆放所有楼房卡片，会用从矮到高或“一层、两层……”表述排序结果，说明他们有自己的表述方式，且容易从排列的具体形态进行描述，而不是从数量角度概括地描述。

4. 能将楼房按楼层从少到多的顺序进行排列，并用从少到多表述排列结果，体验数量变化的顺序。

（四）教育途径与方法

1. 集体教学

教师在导入时应引导幼儿了解需要将集合从少到多排列，通过集体活动帮助幼儿理解集合从少到多的递增关系。

在评价环节中展示幼儿的操作过程和结果，引导幼儿用从少到多进行表述，感知数量递增的关系。

2. 区域活动

活动名称：小动物排排队

材料：排序板若干张，数量是1—5的动物卡片若干套。

玩法：幼儿取出一张排序板和一套动物卡片，按照数量从少到多的顺序给小动物排队。

3. 日常生活

在过渡环节中，可以和幼儿玩手指游戏，通过游戏引导幼儿感知手指的数量越来越多。

关键经验

按大小、长短等差异对 5 个以内物体进行排序。

（一）关键经验解读

1. 按大小、长短等差异对 5 个以内物体进行排序，是幼儿对物体量的差异进行认识、比较及构成序列的开始，有助于幼儿对序列概念和数序的理解。

2. 这一关键经验包括三个核心。

（1）感知、比较的量是大小、长短，大小表示的是物体面积或体积，长短表示的是物体的长度。

（2）需要连续比较多个物体的大小或长短差异。

（3）要协调多个物体之间的大小或长短关系。

用语言表述排序的结果，是展现幼儿对序列理解程度的重要方式。

（二）已有经验基础

幼儿对物体的大小、长短有初步的感知，能区分大小、长短。

（三）幼儿常见行为表现

幼儿按大小或长短顺序排列 5 个物体时，常常会有以下表现。

1. 随意排列物体，完全没有顺序，说明幼儿对按序排列没有任何概念。

2. 只能按顺序排列前几个物体，说明数量越多对幼儿排序能力的要求越高。

3. 按照模式排序，而不是越来越大（小）或越来越长（短），说明幼儿没有理解什么是按量的差异排列。

4. 能按照物体的大小或长短差异排序，且能说出自己排序的方法。

（四）教育途径与方法

1. 集体教学

前期，幼儿进行过 3 个物体的大小排序，本次活动在幼儿已有经验的基础上，增加了 2 个物体，以进一步丰富幼儿的排序经验。在活动中，教师引导幼儿观察 5 只大小不同的熊猫，发现熊猫有的大有的小，鼓励幼儿用动作、语言来表述熊猫的大小。紧接着，教师提出排序任务“熊猫想按照从小到大的顺序排，谁排第一个？”帮助小班幼儿明确排序的顺序，并首先找出最小的熊猫。然后，教师出示排序板，引导幼儿回顾排序板的使用方法。随后，邀请个别幼儿尝试，集体在观察、讨论的基础上了解活动内容。

2. 区域活动

（1）活动名称：树枝排排队

材料：排序板，5 以内长短不同的树枝若干套。

玩法：幼儿取出一张排序板和 5 根长短不同的树枝，按照从长到短或者从短到长的顺序给树枝排队。

（2）活动名称：大大小小来排队

材料：排序板，5 以内大小不同的自然物（栗子、石头、松果）若干套。

玩法：幼儿取出一张排序板和 5 个大小不同的自然物，按照从大到小或者从小到大的顺序给自然物排队。

3. 日常生活

教师可以利用身边的事物鼓励幼儿进行排序，如大小不同的树叶、石头、罐子，长短不同的运动器械、树枝等，在生活中引发幼儿按大小、长短给物体排序的兴趣。

第二节　图形与空间

一、几何图形

关键经验

探索物体较明显的形状特征，并用自己的语言描述。

（一）关键经验解读

1. 探索物体较明显的形状特征，并用自己的语言描述，能发展幼儿的空间知觉能力与初步的空间想象能力，为进一步学习几何形体做准备。

2. 这一关键经验包括两个核心。

（1）运用视觉、触觉等多种感官，感知具体物体较明显的形状特征，从整体上体验图形的边、角特征，形成对图形的知觉表象。

（2）幼儿用自己的语言描述物体的形状特征，如形容三角形“尖尖的角会戳手”，形容正方形是“方块”，形容圆形“圆圆的，像皮球”等。

（二）已有经验基础

幼儿在生活中已经开始辨别各种物体的形状，如看到公共汽车说“像个大盒子”，认为圆圆的盘子和圆形的时钟很像。

（三）幼儿常见行为表现

幼儿对正方形、圆形、三角形等图形片进行分类时，常常会有以下表现。

1. 不能区分正方形、圆形、三角形，随意摆放图形片，说明幼儿没有按形状分类的意识，难以辨别图形的不同。

2. 可以按形状将图形片分成三类，但个别图形片会分错，说明幼儿不能坚持按标准进行形状分类。

3. 将图形片按形状正确分类，当回答“是怎么分的”时，幼儿会说“它们一样”，说明幼儿能够感知、辨别图形，但不能以命名的方式说明理由。

4. 将图形片按形状正确分类，当回答“是怎么分的”时，幼儿会说“它们都是 ×× 形”，说明幼儿能用命名的方式说明分类理由。

（四）教育途径与方法

1. 集体教学

教师可以创设“好吃的夹心饼干”等情境增加活动的趣味性，激发小班幼儿参与集体活动的兴趣。

首先，教师可出示一盘饼干，请幼儿先观察饼干的形状，然后再说一说“饼干都一样吗？哪里不一样？分别都是什么样的？”，为后面图形匹配、分类奠定基础。

其次，在幼儿制作圆形、三角形、正方形的夹心饼干时，引导幼儿寻找两块大小、颜色、形状均相同的饼干，将它们贴在一起。

最后，可请幼儿将做好的夹心饼干放到有相应形状标记的托盘里，集体观察是否做对了，放对了。

2. 区域活动

活动名称：有趣的摸箱

材料：摸箱一个，里面放三角形、圆形、正方形的物品若干。

玩法一：幼儿双手同时伸进摸箱，拿起摸箱里的一个东西，说说摸到的感觉，猜猜像什么形状，最后拿出来看看对不对。

玩法二：两名幼儿玩摸箱游戏，一名幼儿说出自己想要的东西的特征，如“它像圆形”，另一名幼儿在摸箱里摸出像圆形的物体。如果摸对了，就把摸出的东西给对方；如果摸错了，就放回摸箱，然后交换游戏。

3. 日常生活

（1）鼓励幼儿在生活中找找像圆形、正方形、三角形的物品，找到后说一说：“×× 像 ×× 形。”

（2）幼儿吃点心时，可引导他们说说自己吃的饼干是什么形状的。

二、空间关系

关键经验

用上、下、前、后、里、外等方位词描述物体的位置。

（一）关键经验解读

1. 用上、下、前、后、里、外等方位词描述物体的位置，是幼儿感知物体之间空间关系的重要方面，有利于幼儿空间能力的发展。

2. 这一关键经验包括两个核心。

（1）理解上、下、前、后、里、外等方位词，能够根据这些方位词推断物体的空间方位，理解发出的方位指令并调整物体的位置。

（2）能够运用方位词上、下、前、后、里、外描述物体的位置，如搭积木时会说“三角积木在方块积木的上面”。

（二）已有经验基础

幼儿能够借助具体的空间标志来判断事物的位置，如告诉幼儿“妈妈在门口”，幼儿会跑到门口找妈妈。

（三）幼儿常见行为表现

幼儿藏玩偶并说说将玩偶藏到哪里时，常常会有以下表现。

1. 只能用模糊的词描述物体的位置，如只说“在那”“在这”等，说明幼儿不会主动运用上、下、前、后、里、外等方位词描述物体的位置。

2. 不能用正确的方位词描述物体的位置，如将“外面”说成了“里面”，说明幼儿对某些方位词的理解有误。

3. 能正确使用方位词，但不能完整表述，如只说“在里面”，而不是“×× 在 ×× 的里面”。

4. 幼儿能正确使用方位词完整表述玩偶的位置，如“×× 在 ×× 的上面（或下面、前面、后面、里面、外面）”。

（四）教育途径与方法

1. 集体教学

小班幼儿在运用上、下、前、后、里、外等方位词描述物体位置时是有一定难度的，教师可营造捉迷藏的场景，激发幼儿参与游戏的兴趣。

在幼儿找动物、藏动物的过程中，引导幼儿用完整的语言，如“×× 在 ×× 的上面或下面、里面、外面”描述动物所在的位置。

在评价环节，鼓励幼儿说一说自己将小动物藏在了哪里，再次巩固对方位词的运用。

2. 区域活动

（1）活动名称：小动物在哪里

材料：毛绒玩具若干，贴有红点的场景照片（如教室、操场等）若干。

玩法：一名幼儿用上、下、前、后、里、外等方位词描述照片上红点的位置，邀请另一名幼儿将毛绒玩具放到相应的位置上。

（2）活动名称：小公主捉迷藏

材料：小公主玩具一个，自制公园场景。

玩法：一名幼儿将小公主玩具藏在公园的任何一个地方，另一名幼儿找出小公主玩具，并用上、下、前、后、里、外等方位词描述小公主玩具的位置。

3. 日常生活

在日常生活中，教师可引导幼儿说说周围有些什么，它们在什么地方，鼓励幼儿说一说、指一指。

关键经验

尝试运用平移、旋转进行图形拼搭。

（一）关键经验解读

1. 尝试运用平移、旋转进行图形拼搭，是一种空间视觉化的能力，也就是对空间表象进行操作并加以表现的能力。

2. 这一关键经验包括两个核心。

（1）进行图形拼搭的方法是平移、旋转。所谓平移，就是将一个图形整体地往某个方向移动；所谓旋转，形象地说就是将一个图形在平面上顺时针或逆时针转动。

（2）对图形的平移、旋转是无意识的，不是在头脑中预测图形运动的结果，而是通过尝试错误的方法，在反复的动作调整中完成的。

（二）已有经验基础

幼儿感知过常见图形的显著特征，在生活中玩过拼图，知道拼图是将拼板不重叠、不遗漏地拼成一个完整的图。

（三）幼儿常见行为表现

幼儿在选择合适拼板填补底板上的空缺部分时，常常会有以下表现。

1. 选择的拼板与需要填补的空缺不一致，说明幼儿不能正确匹配拼板与空缺的形状或画面。

2. 正确选择了拼板，但却无法填补空缺。如只是将拼板随意摆放到空缺的地方，即使发现放得不对，仍不会进行调整。说明幼儿没有有意识地通过平移、旋转的方法正确填补空缺。

3. 正确选择了拼板，也知道要移动、旋转拼板，但总是不能正确填补空缺，说明幼儿不能将平移、旋转的结果与填补的空缺进行联系，平移、旋转的能力有待加强。

4. 正确选择拼板，通过不断地平移、旋转，最终找到合适的位置进行填补。

（四）教育途径与方法

1. 集体教学

教师可以引导幼儿迁移玩拼图的经验，观察拼板，猜测会拼出什么。邀请幼儿尝试，重点观察幼儿平移、旋转拼板的动作。

教师可以提供“在路上”“我的家”“补地毯”等不同的小组游戏，引导幼儿在遇到困难时，尝试运用平移、旋转的方法拼图。

评价时，引导幼儿解决拼图时的问题，进一步运用平移、旋转的方法将拼板摆放到合适的位置。

2. 区域活动

（1）活动名称：我的家

材料：操作底图若干，三角形、圆形、正方形的图形片若干。

玩法：引导幼儿观察房子上空缺的地方是什么形状的，再找到合适的图形片去填补。

（2）活动名称：好玩的拼图

材料：人物、动物、交通工具的拼图（每幅拼图被分为3—5块拼板）。

玩法：幼儿取出一套拼板，观察拼板上的图案，猜猜会拼出什么，然后将拼板拼成完整的画面。

第三章

中班数学关键经验解析与活动指导

第一节　数与量

一、数的意义

关键经验

按物体的内部特征（性质、功能用途等）进行分类。

（一）关键经验解读

1. 按物体的内部特征进行分类，是摆脱物体的外部特征干扰，将物体的性质或功能用途等内部特征作为分类的标准，它依赖于幼儿思维抽象性、逻辑性的发展以及生活经验的丰富。

2. 这一关键经验包括两个核心。

（1）需要比较、判断物体的内部特征。

内部特征属于物体的内部属性，无法从物体的外在形态直接看出，需要分析物体的本质、与人们生活的关系等。如盘子是树叶形状、有大有小、橘色的，这些可以通过眼睛直接看出来；但盘子是用塑料做的、是用来装东西的，则需要通过判断其材质、用途才能获得。

（2）要能坚持将物体的内部特征作为分类标准。

因为物体的外部特征更加明显，所以在分类时要能够摆脱外部特征的干扰。如不是将红色的碗、T恤、裙子放一起，而是将碗、筷子、勺子放一起，因为它们都是用来吃饭的。

此外，幼儿能够讲述自己的分类标准也是他们掌握按内部特征分类的标志之一。

（二）已有经验基础

幼儿能根据形状、颜色等外部特征将物体进行分类，同时已经有了一定的生活经验，了解物体的一些性质、功能用途等，如用毛巾、脸盆洗过脸，用牙刷、杯子刷过牙。

（三）幼儿常见行为表现

幼儿根据用途将一组物体（碗、勺、碟子、筷子、牙刷、牙膏、脸盆、毛巾）进行分类时，常常会有以下表现。

1. 能说出物体名称，但是无法说出物体的用途，说明幼儿在生活中对要分的物体还不够熟悉，没有相关经验的支持。

2. 能说出物体的名称和用途，但是不知道按什么标准来分类，说明幼儿无法抽象出物体共有的内部特征。

3. 一开始能按物体的用途分类，但是在分类的过程中会遗忘分类的标准，导致分类出现错误，说明幼儿对抽象、概括出的分类标准还不确定。

4. 能坚定地将物体按照用途进行分类，说明幼儿能够不受外部特征干扰，准确识别物体内部特征并将其作为分类标准。

（四）教育途径与方法

1. 集体教学

相较于按外部特征分类，物体的内部特征显然更加抽象，需要幼儿有更多与分类物体操作互动的经验。教师可以围绕幼儿的生活和游戏，引发幼儿对物体内部特征属性的关注。

教师可以借助游戏“商店理货员”激发幼儿参与分类的兴趣，与幼儿讨论分类的标准和方法，但选择的物品应贴合幼儿的生活经验。

幼儿操作时，教师可以利用语言帮助幼儿了解物品的性质、功能、用途等，从而帮助幼儿确定分类标准。

分类结束后，请幼儿检查操作结果，养成良好的学习习惯。对于个别存在问题的操作结果，可请幼儿共同观察、调整。

2. 区域活动

（1）活动名称：翻翻乐

材料：贴有不同属性物品的小方块，可容纳所有小方块的正方形底板。

玩法：将所有小方块背面朝上覆盖在底板上，依次翻开两块小方块，说说两个物品的属性，如果属性相同就保留正面朝上的状态。直到所有图片都被成功翻开，游戏结束。

（2）活动名称：我是小小理货员

材料：小超市的游戏材料，分类货架。

玩法：说说小超市里有些什么，它们属于什么，是用来做什么的。然后将这些物品按照种类、用途等内部属性分类，如水果、蔬菜等。

3. 日常生活

引导幼儿在日常生活中和游戏时了解物体的名称、功能、用途等，丰富幼儿的相关经验。

关键经验

按物体间的数量关系进行分类。

（一）关键经验解读

1. 按物体间的数量关系进行分类是指将具有相同数量的物群归并在一起，这是幼儿抽象出数，形成数概念的重要阶段。同时，也能发展幼儿计数、目测数群的能力。

2. 这一关键经验包括三个核心。

（1）能够正确计数物群的数量，并比较物群数量的相等与不相等，为分类奠定基础。

（2）感知、理解物群的数量特征，发现物群之间数量上的共同点。

（3）排除物体外部特征的干扰，能将物群的数量关系作为分类标准，把一样多的物群放在一起。

（二）已有经验基础

幼儿能够手口一致地点数，并通过计数比较物群数量，判断它们是一样多还是不一样多；能按物体形状、颜色等外部特征进行分类。

（三）幼儿常见行为表现

幼儿将一组物群卡按数量关系分类时，常常会有以下表现。

1. 计数物群数量时出现漏数、重复数、目测不正确、接数不正确等问题，这些都说明幼儿计数能力还未成熟。

2. 不能发现物群之间数量上的共同点，不知道可以按数量特征分类。

3. 需要反复对物群卡进行计数，以确定分类标准。

4. 能将物群的数量关系作为分类标准，把一样多的物群放在一起。

（四）教育途径与方法

1. 集体教学

教师可结合幼儿的生活经验，创设“分礼物”的情境，为幼儿提供自由宽松的计数和分类环境，引导幼儿在准确计数的基础上将物群进行分类。

在评价环节中，教师可根据幼儿计数和分类的实际情况进行有针对性的互动和交流，如鼓励幼儿说说分类的理由。

2. 区域活动

活动名称：看谁找得快

材料：物群板（每组物群数量为 5—7，分布在物群板的不同格子中），数字骰子 5—7。

玩法：幼儿两两合作游戏，依次掷骰子并根据掷出的数字，在物群板上寻找相应数量的物群。

关键经验

初步学习对物体进行多重角度分类。

（一）关键经验解读

1. 对物体进行多重角度分类是指对同一类材料做出不同角度的分类，它有助于培养幼儿思维的灵活性以及发散性，拓展幼儿的分类经验，使幼儿发现同一物体可以分到不同的类别中。

2. 这一关键经验包括两个核心。

（1）感知和发现物体具有不同的特征。

（2）能根据物体的不同特征进行多次分类，即每次根据物体的一个特征进行分类。

（二）已有经验基础

幼儿已经积累了较为丰富的分类经验，能够根据物体的外部和内部特征进行分类。

（三）幼儿常见行为表现

幼儿用不同分法分图形片时，常常会有以下表现。

1. 感到很困惑，无法确定分类标准，说明幼儿没有理解按物体特征进行分类的要求。

2. 只能根据一种特征将图形片分类，找不到其他分法，说明幼儿还不能灵活地转换视角，将其他特征作为新的分类标准。

3. 能根据一种特征将图形片分类后，再根据其他特征将图形片重新分类。

（四）教育途径与方法

1. 区域活动

（1）活动名称：分分乐

材料：纽扣、分类盒、记录单。

玩法：幼儿观察纽扣特征，并将纽扣按不同特征分类，摆放进分类盒。检查确认后，将分类的方法和结果记在记录单上。

（2）活动名称：收拾玩具我最棒

材料：具有不同特征的玩具，如雪花片、空白标记卡、彩笔。

玩法：幼儿与同伴共同游戏，一名幼儿先分玩具，另一名幼儿判断是按什么标准分的，然后一起为分好后的玩具制作标记卡。

2. 日常生活

（1）收拾图书时，可以引导幼儿用自己的分类标准收拾图书，如可以按硬壳、软壳来收拾，也可以按照科学类、故事类来收拾等。

（2）教师可与幼儿玩猜猜怎么分的游戏，将一组幼儿分成不同小组，邀请幼儿猜一猜分组的方法，如按男孩女孩分、按衣服颜色分等。

关键经验

进行 50 以内的唱数。

（一）关键经验解读

1. 进行 50 以内的唱数，能进一步发展幼儿的数数能力和对数的理解，也能进一步促进幼儿心理数线的发展。

2. 这一关键经验包含两个核心。

（1）按照顺序报出数词，即口头说出 1、2、3、4、5……

（2）唱数能力达到了 50 以内，也就是说要能从 1 一直数到 50。

（二）已有经验基础

幼儿能够进行 20 以内的唱数，了解 50 以内的数词，如 28、35、46 等。

（三）幼儿常见行为表现

随着年龄的增长，中班幼儿的唱数能力比小班幼儿提高了很多，他们常常会有以下表现。

1. 只能从 1 开始数，遇到干扰很难接着往下数，或需要成人提醒才能接着往下数。

2. 能按顺序数出前 20 个数，但唱数 20 以后的数容易出现重复、遗漏、颠倒等错误。

3. 能从 1 顺利唱数到 50，中间即便被打断，也能接着数下去。

（四）教育途径与方法

1. 区域活动

活动名称：你说我数

材料：数字卡片。

玩法：两名幼儿轮流抽取数卡，并从抽到的数卡接着往后数到50。

2. 日常生活

教师可以结合餐后的互动时间，和幼儿玩多种形式的唱数游戏。如教师随意报出某个数词，请幼儿接着往下数；幼儿依次报数等。

关键经验

用点数的方法对10以内数量的物体进行准确计数。

（一）关键经验解读

1. 用点数的方法对10以内数量的物体进行准确计数，有助于幼儿初步理解10以内数的抽象意义。

2. 这一关键经验包括两个核心。

（1）能够运用点数的方法确定物体的数量，并说出物体的总数。点数的方法既可以表现为手指一下物体，说一个数词，也可以表现为点一下头，说一个数词等。

（2）对10以内数量的物体要进行准确计数，计数的范围有所拓展。

（二）已有经验基础

幼儿能手口一致地点数5以内数量，熟练进行10以内唱数。

（三）幼儿常见行为表现

幼儿点数10以内数量的物体时，常常会有以下表现。

1. 物体数量较多时会出现手口不一致现象，如手快口慢、手慢口快等，说明幼儿对计数原则的掌握还不牢固。

2. 点数后，说不出物体的总数，说明幼儿还不理解总数的意义。

3. 能正确点数直线排列的物体，但点数其他排列形式的物体，如散放或环形排列时会出现错误，说明幼儿的计数能力会受到物体排列形式的影响。

4. 幼儿能够手口一致地准确点数10以内的物体。

（四）教育途径与方法

1. 集体教学

准确点数 10 以内数量的物体需要幼儿有较为丰富的计数经验，教师应考虑到幼儿学习的方式和特点，创设有趣的情境以提高幼儿点数物体的兴趣。

教师以“整理收纳箱”为情境导入活动，引导幼儿明确数出每种商品有多少，并关注幼儿的点数方法。

在最后的交流与分享环节，教师可以邀请幼儿介绍自己在计数物体数量时遇到的问题，鼓励幼儿分享自己是怎样数清楚的。

2. 区域活动

活动名称：看谁数得快

材料：物群卡 5—10。

玩法：幼儿多人合作游戏，轮流抽取物群卡，看谁先说出卡片上物体的数量。

3. 日常生活

在日常生活中，可以邀请值日生点数每天入园的小组人数，晨间锻炼时点数球筐中球的数量等，增加幼儿点数的机会，提高准确计数的能力。

关键经验

感知 10 以内数量，发现物体的数量不会因其排列方式的改变而变化。

（一）关键经验解读

1. 感知 10 以内数量，发现物体的数量不会因其排列方式的改变而变化，是幼儿初步发展数量守恒的表现。

2. 这一关键经验包括两个核心。

（1）感知 10 以内的数量，能通过点数等方法准确计数物体的数量，确定总数是多少。

（2）发现只要计数时没有遗漏、没有重复，无论要计数的物体排列成什么样，计数的结果都是一样的。

（二）已有经验基础

幼儿能够正确计数 10 以内物体的数量，不重复、不遗漏，并能说出物体的总数。

（三）幼儿常见行为表现

幼儿在排列形式不同的三组物体中选出一样多的两组时，常常会有以下表现。

1. 不计数每组物体的数量有多少，看到一样长的就认为一样多。

2. 会计数每组物体的数量有多少，但在选择时还是将一样长的两组挑选出来，认为它们一样多。

3. 不受物体大小、排列方式的干扰，正确计数每种物体的数量，并根据数量判断出哪两组物体一样多。

（四）教育途径与方法

1. 集体教学

不受物体排列方式的影响，正确判断物体数量，是幼儿初步发展数量守恒的标志。幼儿真正获得数量守恒观念，需要经历一个过程，因此，教师可以引导幼儿摆脱物体排列方式等因素的干扰，用计数的方法来确认数量的多少。如可以借助“整理货架”的情境，引导幼儿找出数量相同的货物。

教师可以为幼儿提供丰富的操作材料，如整理横向排列的商品、整理其他排列方式的商品等，让幼儿在操作中感知物体数量与排列方式无关。

在评价环节，教师引导幼儿说出自己是如何判断两组货物一样多的。

2. 区域活动

活动名称：小超市

材料：娃娃家游戏材料、货架。

玩法：幼儿尝试将娃娃家游戏材料进行分类，并将游戏材料摆放到货架上，然后数一数哪些游戏材料一样多。

3. 日常生活

在过渡环节，可以邀请值日生判断不同组的幼儿人数是否相同，引导幼儿明确使用点数等准确计数的方法。

关键经验

根据数量属性将数量为 10 以内的集合分类。

（一）关键经验解读

1. 根据数量属性将数量为 10 以内的集合分类，即将数量相同的物群分放在一起，是幼儿理解数的抽象意义、建构数的实际意义的重要方面。

2. 这一关键经验包括两个核心。

（1）关注集合的数量特征，将数量相等的集合放在一起，而不受颜色、形状等其他特征的影响。

（2）能够建立多个集合间的等量关系，而不是只将两个等量集合进行匹配。

（二）已有经验基础

幼儿能正确计数 10 以内数量的物体，理解什么是按数量分类。

（三）幼儿常见行为表现

幼儿将物群卡按数量分类时，常常会有以下表现。

1. 计数大数量物群时，出现漏数、重复数等现象，导致分类时出现错误，说明幼儿计数能力还有待加强。

2. 受物群颜色、外形等其他特征的干扰，将某些物群卡放错。

3. 能不受颜色、形状等其他特征的影响，将数量相等的集合放在一起。

（四）教育途径与方法

1. 集体教学

对于中班幼儿来说，8、9、10 三个数表示的物体数量相对较大，幼儿在感知大数量时容易受到其他因素的干扰，存在一定的难度。教师可以以幼儿感兴趣的方式开展活动“整理食品”，引发幼儿的关注和参与。

幼儿在进行小组操作时，教师可根据幼儿的能力，提供不同数量的物群卡，如有的是 4—7，有的是 6—10 等，满足幼儿个体发展的需要。

在评价环节，教师可以鼓励幼儿相互检查操作结果，对数量较大的物群卡再次确认总数。

2. 区域活动

活动名称：水果超市

材料：水果玩具、小筐、货架。

玩法：幼儿先将相同种类的水果摆放在同一个小筐里，再将数量相同的水果摆放在同一层或同一个货架上。

3. 日常生活

整理玩具时，教师可以邀请幼儿一起帮忙整理，将玩具按数量进行分类。

关键经验

学习 10 以内的序数，能从不同的方向正确指出某一物体在序列中的位置。

（一）关键经验解读

1. 学习 10 以内的序数，能从不同的方向正确指出某一物体在序列中的位置，是幼儿数概念发展的重要部分，帮助幼儿发现自然数不仅包括基数意义，还包括序数意义。

2. 这一关键经验包括两个核心。

（1）理解自然数可以用来表示物体排列的次序，回答某一个物体是“第几”的问题。

（2）能从不同方向确定物体排列的次序，如 10 只小动物排队，从左往右数小狗排在第 4 个，从右往左数小狗排在第 7 个。

（二）已有经验基础

幼儿理解数的基数意义，如知道数量是 5 个的物体都可以用数字 5 来表示；生活中有排队的经验。

（三）幼儿常见行为表现

幼儿从一排香蕉中拿出“第 5 根”香蕉时，常常会有以下表现。

1. 拿出的不是“第 5 根”香蕉，而是“5 根”香蕉，说明幼儿只理解 5 的基数意义，而不理解 5 的序数意义。

2. 随意拿出一个或最后一个，说明幼儿没有理解 5 表示的是第 5 个位置。

3. 能够正确取出从左往右的第 5 根香蕉，但不能找到从右往左的第 5 根香蕉，说明幼儿无法从不同方向确定物体位置。

4. 无论从哪个方向开始，都能准确地取出第 5 根香蕉。

（四）教育途径与方法

1. 区域活动

活动名称：拔萝卜

材料：拔萝卜角色图片、数字卡片 1—10。

玩法：幼儿按照故事顺序出示图片，并匹配相应的数字。

2. 日常生活

在幼儿排队时，请幼儿说说自己和同伴分别排在队伍的第几个，自然渗透序数的内容。

关键经验

将数字与相应数量的集合匹配。

（一）关键经验解读

1. 将数字与相应数量的集合匹配是通过在数字与数量之间建立对应关系，让幼儿体验数字的表征意义。

2. 这一关键经验包括两个核心。

（1）认识数字，能够辨识数字的字形。

（2）知道某个集合的总数可以用数字来表示。

（二）已有经验基础

幼儿进行过等量匹配的活动，如把 7 个点子和 7 条鱼放在一起，初步认识数字。

（三）幼儿常见行为表现

幼儿计数物群卡上物群的数量，并选出相应数字卡片与之匹配的时候，常常会有以下表现。

1. 点数某个物群后，不知道选哪张数字卡片与之匹配，说明幼儿还不能够在数量与数字之间建立联系。

2. 能根据物群数量正确选择数字卡片，但会将数字卡片摆反或不知道怎么摆，说明幼儿对数字的认识不够牢固。

3. 物群数量较大时出现漏数或者重复数现象，导致选择的数字卡片有误，说明幼儿计数大数量时有困难。

4. 能够准确点数物群，并选择正确的数字卡片与之匹配，说明幼儿能够在数量与数字之间建立联系。

（四）教育途径与方法

日常生活

游戏后，幼儿收拾物品，然后数一数物品有几个，并用相应的数字表示物品的数量。

关键经验

认识10以内的数字，并理解数字的抽象意义。

（一）关键经验解读

1. 认识10以内的数字，并理解数字的抽象意义，是幼儿接触正式的数的符号表征系统的开始。对数的符号系统的掌握是幼儿从具体形象思维向抽象逻辑思维转化的标志。

2. 这一关键经验包括两个核心。

（1）认识10以内的数字，了解数字的字形。

（2）在数字与数量之间建立联系，理解数字的实际意义。

（二）已有经验基础

幼儿感知过10以内数量，能正确计数、分类等；在生活中看到过数字，如车牌、电话号码等。

（三）幼儿常见行为表现

幼儿计数物体后，用印章印出相应的数字表示物体数量时，常常会有以下表现。

1. 数字与物体的数量不匹配，说明幼儿不能建立数字与数量之间的关系或者不能分辨数字的字形。

2. 数字与物体的数量匹配正确，但印的数字是倒的或歪的等，说明幼儿对数字字形的规范性认识不清。

3. 选择的数字正确，但印出多个数字表示物体数量，说明幼儿不理解数字的抽象意义。

4. 选择以及印出的数字正确，并只印出一个数字表示相应数量的物体，说明幼儿能理解数字的实际意义，如一个数字 5 就表示所有数量是 5 个的物体。

（四）教育途径与方法

1. 集体教学

由于数字只是一个符号，并不具有数量特征，所以幼儿在识别数字以及理解数字所代表的实际意义时需要经历一个过程。教师应创设多种活动，如“数字朋友”，让幼儿逐步感知字形以及建立起数字与数量之间的联系。

在小组操作环节，教师可以充分利用不同的操作材料，如数字拼板、数物拼板等，激发幼儿认识数字的兴趣，加深对数的实际意义的理解。

在评价环节，教师可以采用回顾操作过程、检查操作单等方式呈现幼儿出现的典型问题，如数字的方向、数字盖印的次数等，帮助幼儿进一步加深对数形以及数的实际意义的感知。

2. 区域活动

（1）活动名称：寻找数字宝宝

材料：藏有数字的底纸（已塑封，可擦拭）、沙漏、勾线笔。

玩法：幼儿在藏有数字的底纸上寻找数字，说一说数字 × 藏在 ××，找到相应的数字后用勾线笔沿着数字描一描，看看沙漏漏完时能找到多少数字。

（2）活动名称：我们一起拼数字

材料：数字骰子；自然物，如石头、树枝、树叶等。

玩法：幼儿与同伴合作游戏，一人掷骰子，一人拼数字，或者一人掷骰子，两人同时拼数字。拼好后，相互检查拼出的数字与骰子上的数字是否一致。

3. 日常生活

每天可请值日生悬挂相应的日期挂牌、人数挂牌，在使用数字表示不同事物的过程中增进对数字意义的理解。教师还可与幼儿在生活中寻找与数字相似的物体，加深对数形的感知。

二、数量关系

关键经验

用计数的方法比较 10 以内数量的多少。

（一）关键经验解读

1. 运用计数的方法比较 10 以内数量的多少，也就是进行 10 以内数量的比较，这是中班幼儿感知数量关系的重要内容，有利于幼儿进一步理解数的实际意义。

2. 这一关键经验包括两个核心。

（1）能够准确地计数每个集合中有多少物体，计数后能记住每个集合的数量。

（2）计数后能够判断哪个数量多、哪个数量少，知道具有相同总数的两个集合的数量一样多，具有不同总数的两个集合的数量不一样，数词在数词系统中位置越靠后的代表的数量越大。

（二）已有经验基础

幼儿感知过 10 以内数量，知道每个数词的先后顺序，会运用一一对应的方法比较两组数量的多、少、一样多。

（三）幼儿常见行为表现

幼儿在计数比较两组物体数量时，常常会有以下表现。

1. 不能准确计数每组物体的数量，从而影响比较的结果。

2. 能够正确计数每组物体的数量，但是会忘记数过的物体到底有几个，导致比较时出错。

3. 能够正确计数每组物体的数量，但是不知道哪个数量多、哪个数量少。

4. 能够准确地计数并比较出两组物体的多、少、一样多。

（四）教育途径与方法

1. 集体教学

教师可以选择集体交流、个别操作、竞赛游戏等多样化的形式开展活动。如幼儿在计数比较两组物体数量时，可以采用两人合作游戏的方式，在游戏中提高计数以及比较物体数量的准确性。

教师可以和幼儿共同玩游戏“抓核桃”，一起围绕游戏玩法进行讨论。

教师可以鼓励幼儿两两合作，按照商定的玩法和规则共同游戏，在游戏中进行计数比较。

在交流分享时，教师应鼓励幼儿介绍自己在游戏中的发现以及遇到的困难，鼓励幼儿提出解决问题的方法。

2. 区域活动

活动名称：比多少

材料：数量为 1—10 的物群卡。

玩法：将所有物群卡倒扣在桌面上，两名幼儿同时翻开一张卡片，比较哪张卡片上的水果多。

3. 日常生活

散步时可以引导幼儿点数运动器械的数量，比较哪种器械多、哪种器械少。

关键经验

在数量比较的基础上将数量为 7 以内的集合按多少排序。

（一）关键经验解读

1. 在数量比较的基础上将数量为 7 以内的集合按多少排序，是幼儿开始协调数量大小比较与序列的关系，依据对数量关系的理解来将集合排序，为理解抽象的数序奠定基础。

2. 这一关键经验包括两个核心。

（1）能正确计数每个集合中元素的数量是多少，并比较出哪个数量多、哪个数量少。

（2）能按“从少到多”或“从多到少”的顺序将集合进行排列。

（二）已有经验基础

幼儿能够准确地计数物体的数量，并运用比较的方法判断哪个数量多、哪个数量少；能按范例将数量为 5 以内的物体进行排序。

（三）幼儿常见行为表现

幼儿在将物群卡按照数量多少进行排序时，常常会有以下表现。

1. 能够借助唱数经验将物群卡从 1—7 进行排列，但如果只排其中一部分，幼儿就不会了，说明幼儿还不能根据数量关系进行排序。

2. 部分物群卡排列错误，说明幼儿在协调多个数量关系时有难度或者是在判断数量多少上出现了问题。

3. 能正确排列 1—7 的物群卡，但幼儿不能描述排列结果或说不出理由，说明幼儿不理解数量依次递增或递减的关系。

4. 能按“从少到多”或“从多到少”的顺序将物群卡进行排列，并能描述排列结果，说明幼儿理解数量依次递增或递减的关系。

（四）教育途径与方法

1. 集体教学

数序是和“多一个”的概念联系在一起的，当幼儿建立起“序列化”和“系列化”的逻辑观念后，就有可能迁移到对数系列的顺序性认识，从而逐步达到认同和理解的水平。因此，教师应循序渐进，帮助幼儿积累排序经验，发展幼儿判断推理能力及逆向思维能力的发展。教师可以结合幼儿的生活经验，创设“分玩具”的情境开展活动，引导幼儿理解按数量多少排序的任务。

在评价环节，教师应充分利用同伴间的互动交流，引导幼儿分享自己的排序方法，拓展按数量顺序排列物体的经验。

2. 区域活动

活动名称：小动物排排队

材料：动物卡片、排序板、数卡。

玩法：先将数量相同的动物卡片排列到一起，说一说每种动物的数量，并匹配相应的数卡。再将动物卡片按照从少到多或从多到少的顺序排序，鼓励幼儿说一说自己的排序方法。

关键经验

认识 10 以内数序，感知 10 以内相邻数的等差关系。

（一）关键经验解读

1. 认识 10 以内数序，感知 10 以内相邻数的等差关系，是幼儿对数概念的进一步掌握，为幼儿今后理解数量关系的相对性、传递性、可逆性奠定基础。

2. 这一关键经验包括两个核心。

（1）感知 10 以内相邻两个数的数差关系，知道前一个数比后一个数小 1，后一个数比前一个数大 1。

（2）了解 10 以内自然数列中每个数所在的位置，理解自然数 1—10 是按照依次大 1 的顺序排列的。

（二）已有经验基础

幼儿能比较 10 以内数量的多少，能按数量的多少将物群排序。

（三）幼儿常见行为表现

1. 幼儿找出 10 以内某个数的相邻数时，常常会有以下表现。

（1）找不出某个数的相邻数是几，或者随便找一个数，说明幼儿不理解什么是相邻数。

（2）能找出某个数的相邻数，但说不出理由，说明幼儿还不理解相邻两数的数差关系。

（3）能找出某个数的相邻数，并能说出理由，即 X 比 Y 小 1，Y 比 X 大 1。

2. 幼儿按顺序排列 1—10 的数字卡片时，常常会有以下表现。

（1）随意排列数字卡片，不明确哪个数字在哪个数字的前面或后面。

（2）能借助唱数经验排列数字卡片，但在回答“为什么这样排”时，幼儿说不出或者说“就是这样排的”。

（3）个别数字卡片的顺序有误。

（4）能按1—10的顺序正确排列数字卡片并说明理由，如数字越来越大。

（四）教育途径与方法

1. 集体教学

中班幼儿对数序的认识需要建立在数量排序的基础上，教师可借助生活中幼儿易于理解的情境，引导幼儿在数量比较、排序、匹配数字的过程中发现数与数之间的序列关系。

首先，教师可以创设“建筑队搭高楼”的情境，引导幼儿了解先按高楼的层数排序，再根据高楼的层数匹配数卡，进而发现数字排列的特点。

其次，教师可以为幼儿提供适宜的材料和形式，引导幼儿在实际操作的过程中感知1—10的数序依次大1的关系。

2. 区域活动

活动名称：趣味拍球

材料：数卡1—10、皮球。

玩法：两两幼儿合作游戏，一人抽数卡，一人找出这个数的相邻数，并按照找出的相邻数拍球。

3. 日常生活

鼓励幼儿玩“报数”游戏，如10名幼儿一组按1—10的顺序依次报数，报完后分别说说自己报的是几，相邻的幼儿报的是几，进一步加深对相邻数以及数序的感知。

关键经验

按大小、长短、高矮、粗细差异对 7 个以内物体进行排序。

（一）关键经验解读

1. 按大小、长短、高矮、粗细差异对 7 个以内物体进行排序，能进一步丰富幼儿对“序”概念的感知，帮助幼儿逐渐理解“序”概念中蕴含的量的相对性。

2. 这一关键经验包括三个核心。

（1）感知、比较的量从大小、长短扩展到高矮、粗细，对事物的属性有了更精细的认识。

（2）能够根据某个属性连续比较与协调 7 个物体的关系。

（3）能够脱离全范例，按照半范例或自主排列物体。

（二）已有经验基础

幼儿能用大小、长短等词描述物体量的特征，按大小、长短等差异给 5 个以内的物体进行过排序。

（三）幼儿常见行为表现

幼儿在按长短差异给 7 根管子排序时，常常会有以下表现。

1. 在比较管子的长短差异时方法有误，只关注管子的一端，认为只要一端长的管子就长，而忽视了另一端是否对齐。

2. 能按长短顺序正确排列部分管子，但个别管子的位置摆放错误，说明幼儿难以协调 7 个物体的长短关系。

3. 在描述管子排列的顺序时，仍会用大小描述排列的顺序，说明幼儿对物体特征感知还不够精细。

4. 能按长短顺序正确排列管子，并且准确表述管子排列的顺序，说明幼儿能够协调 7 个物体的长短关系。

（四）教育途径与方法

1. 集体教学

动作水平的操作是儿童抽象逻辑思维发展的途径，幼儿需要以操作、摆弄材料的方式进行探索学习。因此，我们可以为幼儿提供适宜的操作材料，引发幼儿对核心经验的理解与感知。

2. 区域活动

（1）活动名称：吸管比一比

材料：摸袋、7 根长短不同的吸管、排序板。

玩法：幼儿从摸袋中取出吸管，在排序板上进行长短排序。鼓励幼儿说一说自己比较长短以及排序的方法。

（2）活动名称：小伙伴来排队

材料：红旗、幼儿寻找相应数量的同伴共同游戏、平板电脑。

玩法：幼儿与同伴共同清点人数，确定参与游戏的总人数。排头手持红旗，其余幼儿按照高矮进行排序。用平板电脑拍摄队伍照片，共同检查排序结果是否正确。

3. 日常生活

（1）值日生在整理物品时，可尝试根据物品量的差异进行排序。

（2）散步、参观的时候，可以有意识地引导幼儿按照个子高矮排队。

三、数的运算

关键经验

借助实物或情境理解10以内集合的数量变化。

（一）关键经验解读

1. 借助实物或情境理解10以内集合的数量变化，是幼儿对加减含义的最初理解，能够帮助幼儿积累数量变化的具体经验，为幼儿理解加减运算的抽象意义奠定基础。

2. 这一关键经验包括两个核心。

（1）理解10以内集合的数量变化，即10个以内物体变多变少的情况。

（2）对集合数量变化的理解不是抽象意义上的，而是建立在具体实物和情境基础上的，即在一堆物体中添上或拿走一些物体，会使这堆物体的数量变多或变少。

（二）已有经验基础

幼儿感知过10以内数量，能进行10以内数量的比较。

（三）幼儿常见行为表现

当成人从装有8颗糖果的罐子里拿出2颗糖果，询问幼儿罐子里还剩下几颗糖果时，幼儿常常会有以下表现。

1. 回答“有8颗”，说明幼儿没有感受到集合数量的变化。

2. 回答“有7颗”或随便报一个比8颗少的数量，说明幼儿能够感受到拿走会让集合的数量变少，但不会准确地说出减少后的数量。

3. 回答“有 2 颗”，说明幼儿可能不理解什么是“还剩下”，认为询问的是“拿走的”数量。

4. 回答“还剩 6 颗”，说明幼儿感受到集合数量的变化，理解“还剩下”的意思。

（四）教育途径与方法

结合日常生活和游戏情境，引导幼儿关注物体数量的变化，如幼儿在玩小舞台游戏时，可请幼儿说说舞台上有几个演员，走掉了几个演员，舞台上还有几个演员等；再如幼儿放玩具时，可以说说先放了几个玩具，又放了几个玩具，现在有几个玩具，初步感受数量变化的过程。

第二节 图形与空间

一、几何图形

关键经验

感知和发现常见几何图形的基本特征，并进行分类。

（一）关键经验解读

1. 感知和发现常见几何图形的基本特征并进行分类，也就是观察并描述图形边角等基本特征，根据这些基本特征来判断图形，是幼儿从对图形整体感知向概念形成发展的重要阶段。

2. 这一关键经验包括两个核心。

（1）感知和发现图形边和角的数量及特点，如三角形有三条边、三个角；长方形四个角都是直角，两组对边都是平行的；梯形只有一组对边平行。

（2）根据图形的边、角等基本特征分类，如将边数相同、角数相同的图形放在一起。

（二）已有经验基础

幼儿能从整体上感知图形的边和角，如三角形有尖尖的角，正方形有直直的边。

（三）幼儿常见行为表现

幼儿将不同边数、角数的图形片分类时，常常会有以下表现。

1. 只能根据图形的整体特征进行分类，如把三角形和三角形放一起、正方形和正方形放一起、长方形和长方形放一起，说明幼儿还不能关注图形的边角特征。

2. 会受颜色、大小等其他特征的干扰，将某些图形片放错，说明幼儿不能坚持分类标准。

3. 对部分图形的边角特征辨认不清，因而分错了部分图形，说明幼儿感知边角特征的准确性还欠缺。

4. 能根据图形的边数或角数正确将图形片分类，说明幼儿对图形的边角特征有较清楚的感知。

（四）教育途径与方法

1. 集体教学

中班幼儿常常会局限于图形的整体特征，因此需要让幼儿有充分观察和思考的空间，帮助幼儿体验图形的边角特征。教师可以创设“去做客”的情境，引导幼儿观察图形片的特征，发现以往的分类标准不能满足当下的分类需求，促使幼儿重新寻找分类标准。

小组操作时，教师可为幼儿提供分类摆放、连线等不同形式的活动，在操作中进一步体验图形的边角特征。

在评价环节，邀请幼儿介绍自己的分类方法，巩固按图形边数或角数分类的方法。

2. 区域活动

活动名称：小兔子的布

材料：小兔子的布的底板（上面的洞有三角形、正方形、长方形、梯形等），图形片（三角形、正方形、长方形、梯形等）。

玩法：幼儿观察布上洞的形状，说说有几条边、几个角，选择合适的图形，填补好洞。

3. 日常生活

散步时，请幼儿在环境中找找不同的图形，说一说图形上有几条边、几个角。

关键经验

认识并命名立体图形上的平面图形。

（一）关键经验解读

1. 认识并命名立体图形上的平面图形，也就是知道立体图形上包括哪些平面图形，初步体验平面图形和立体图形之间的关系。

2. 这一关键经验包括两个核心。

（1）能在立体图形上找到平面图形，也就是找到平平的面。

（2）能说出平面图形是什么样的，它的名称是什么。

（二）已有经验基础

幼儿认识常见的平面图形，如三角形、正方形、长方形、圆形、椭圆形、梯形等，能说出它们的名称；能在生活中找到与平面图形相似的物体。

（三）幼儿常见行为表现

幼儿在积木上找有哪些平平的面时，常常有以下表现。

1. 无法找到平平的面，或者认为曲面也是平平的面，说明幼儿对什么是平面图形不了解。

2. 只能找到部分平面图形，会遗漏其他的平面图形，说明幼儿只能关注较显著的平面图形。

3. 能够找到积木上所有的平面图形，说明幼儿能够关注立体图形上的不同面。

（四）教育途径与方法

1. 集体教学

寻找立体图形上的平面图形可以帮助幼儿感受立体图形和平面图形之间的关系。教师可以利用积木，开展活动“面在体上”，引导幼儿观察立体图形上的面。

首先，教师出示一组平面图形，提出在积木上寻找平面图形的任务。此时，教师需要关注幼儿验证的方法。如有的幼儿仅靠目测，有的幼儿则提出可以将积木重叠摆放到平面图形上，验证是否完全重合。引导个别幼儿进行操作，明确使用积木覆盖面的方法，并且说一说已经确认的平面图形的名称。

其次，教师可以提供盖积木、描积木等不同的操作活动，让幼儿印出或者描出积木上的平面，说说这个面是什么样子的，它是什么形状。教师也可以指着积木的一个面，请幼儿在积木上找出和它一样的面，增加活动的难度。

在评价环节，教师可以展示个别幼儿的操作单，引导幼儿使用覆盖的方法确定立体积木上的不同平面。

2. 区域活动

活动名称：积木大搜索

材料：立体积木若干，与积木不同平面匹配的平面图底纸。

玩法：幼儿选择一张平面图底纸，说一说底纸上有哪些平面图形。在立体积木中寻找相应的积木，并使用覆盖图形的方法验证自己的判断，给确认的平面图形做标记。

3. 日常生活

幼儿搭积木时，引导他们观察积木的面。散步时，教师可以和幼儿一起观察大型立体物品的不同面。

关键经验

认识平面图形（如三角形）的各种变式。

（一）关键经验解读

1. 认识平面图形（如三角形）的各种变式，是中班幼儿图形概念发展的一个重要任务，标志着幼儿图形守恒能力的发展。

2. 这一关键经验的核心是：不受图形的大小、颜色、摆放位置、类型的影响，能正确辨认、命名图形。

（二）已有经验基础

幼儿在此之前认识过常见的平面图形，如等边三角形、正方形、竖直摆放的长方形等。

（三）幼儿常见行为表现

幼儿从一堆图形中挑出所有三角形时，常常会有以下表现。

1. 幼儿找出了所有三角形，并能说出它们都有三条边（或三个角），所以是三角形。

2. 幼儿没有挑出特别细长的三角形，因为它太长了、不像三角形，说明幼儿会受图形类型的影响，认为和等边三角形类似的才是三角形。

3. 当三角形倾斜摆放时，幼儿认为它不是三角形，说明幼儿会受图形摆放位置的影响。

4. 幼儿将有曲边或圆角的图形也看成三角形，说明幼儿对三角形边、角的特征感知还不准确。

（四）教育途径与方法

1. 集体教学

与圆形、正方形相比，三角形存在着多种多样的变式，幼儿需要在感知三角形不同变式的过程中发现三角形的基本特征，即都有三个角、三条边。教师可以“三角形妈妈找宝宝”作为问题情境，引导幼儿讨论三角形的特征。

当请幼儿在一堆图形中找出三角形宝宝时，教师要追问幼儿判断的理由，强化三条边、三个角的判断依据。对于易混淆的图形，教师可以通过比较、旋转等方法引导幼儿感知。

同时，为幼儿提供找三角形、涂三角形、拼图等不同的小组活动，让幼儿有更加丰富的体验。

2. 区域活动

（1）活动名称：拼三角形

材料：小棒、不同变式的三角形底板。

玩法：幼儿可在三角形底板上摆放小棒，拼出不同变式的三角形；也可以自行用小棒拼出三角形。

（2）活动名称：压三角形

材料：不同变式的三角形模具，油泥或沙等。

玩法：幼儿可使用三角形模具在油泥或沙地上压出三角形。

（3）活动名称：绷三角形

材料：钉板、皮筋。

玩法：幼儿用皮筋在钉板上自行或者沿底图绷出三角形。

3. 日常生活

教师可以鼓励幼儿在幼儿园或教室里寻找什么地方有三角形，它是什么样子的，鼓励幼儿相互交流、分享找到的三角形。

关键经验

不用借助分割线的提示，进行简单的几何图形组合与分解。

（一）关键经验解读

1. 不用借助分割线的提示，进行简单的几何图形组合与分解，说明幼儿开始从图像组合阶段过渡到形状组合阶段。

2. 这一关键经验包括两个核心。

（1）组合与分解的目标图形内部没有分割线，只依靠图形的外部轮廓线索判断要选择的图形，将它们进行组合与分解。

（2）对所认识的图形进行分、合、折、拼的转换，如将若干个三角形拼成一个梯形，或将一个梯形分成若干个三角形。

（二）已有经验基础

幼儿认识常见图形，能借助分割线将若干图形拼成一个大的图形。

（三）幼儿常见行为表现

幼儿将若干个小三角形拼成梯形时，常常会有以下表现。

1. 不会利用被拼梯形的边角线索，从梯形的中间开始摆放三角形，导致无法完成拼图活动。

2. 只关注梯形的边，将三角形的一条边与梯形的边贴合，而忽视了角的线索。

3. 只关注梯形的角，将三角形的一个角与梯形的角贴合，而忽视了边的线索。

4. 当梯形较大时，不会将它分成较小的两个部分，只能依靠尝试错误的方法进行拼图。即使完成拼图，在第二次拼图时仍会出错。

5. 能有意识地将三角形拼成完整的梯形。

（四）教育途径与方法

1. 集体教学

为了帮助幼儿理解平面图形之间的关系，必须为幼儿提供动手操作的机会，给予幼儿充分的探索空间与时间。

首先，教师可以引导幼儿观察需要填补的空缺是什么形状的，明确要不重叠不留白才是拼好。其次，教师可以为幼儿提供难度不同的拼图活动。当被拼图形较大时，可以引导幼儿将图形分成两个部分或者提供有分割线的图形，帮助幼儿体验图形的可分性。

在评价环节，可鼓励幼儿分享自己的拼法，初步体验图形组合与分解的方法可以不同。

2. 区域活动

活动名称：拼拼乐

材料：形状底板、拼板、沙漏。

玩法：幼儿在形状底板上拼拼板，也可以将形状底板放在旁边，根据底板上的形状拼拼板。可以用沙漏计时，看看自己多久能拼好。

二、空间关系

关键经验

用上、下、前、后、里、外、中间、旁边等方位词描述物体的位置和运动方向。

（一）关键经验解读

1. 能用上、下、前、后、里、外、中间、旁边等方位词描述物体的位置和运动方向，反映了幼儿方位词以及空间方位概念的逐渐丰富化。

2. 这一关键经验包括三个核心。

（1）理解上、下、前、后、里、外、中间、旁边等方位词表示的意义，如两个物体之间的区域是中间。

（2）能用上述方位词描述物体的位置，如说出花瓶在桌子的上面、椅子在桌子的旁边等。

（3）基于对空间位置的感知以及对物体运动后的位置的预期，能用方位词描述物体的运动方向，如小鸟飞上天了、汽车向前开等。

（二）已有经验基础

幼儿能辨别上、下、里、外，会用上、下、里、外的方位词描述物体的位置。

（三）幼儿常见行为表现

幼儿描述物体位置时，常常会有以下表现。

1. 描述时只说出方位词，缺少物体名称，如“在上面”而不是

“×× 在 ×× 的上面”，说明幼儿不理解方位词表示的是物体间的空间关系。

2. 对方位词的使用存在泛化的现象，如用旁边替代前后、外面等，说明幼儿对方位词的理解还不精确。

3. 以自身为中心来判断所在的位置，还不能从他人的角度来判断，说明幼儿空间关系的相对性还有待发展。

4. 能够从不同角度判断物体所在的位置，说明幼儿感知到物体之间的空间关系是有相对性的。

（四）教育途径与方法

1. 集体教学

教师可以采用“捉迷藏”游戏，请幼儿根据方位指令寻找物体、摆放物体，让幼儿在玩一玩、说一说的过程中感受空间方位的相对性，运用方位词，发展空间能力。教师可以出示教室藏宝图，请每名幼儿选取一张，说说自己拿到的藏宝图中的宝贝藏在哪儿，并将宝贝找出来。

在幼儿找宝贝、藏宝贝的过程中，鼓励幼儿表述宝贝所在的位置。

2. 区域活动

（1）活动名称：布置新家

材料：照片图、房间底板，床、柜子、椅子、小包、滑板车等居家物品若干。

玩法：幼儿结伴游戏，一人拿着照片说：“将 ×× 放在 ××（地方）。”一人按指令放，放好后对照照片看看放得是否正确。

（2）活动名称：小动物捉迷藏

材料：场景底纸，小狗、小兔、小鸡的图片。

玩法：幼儿自由寻找玩伴共同游戏，一人把小动物放在不同的点子处。另一人找一找小动物在哪里，并用语言说一说小动物的位置。

3. 日常生活

引导幼儿运用方位词描述物体的位置，如排队时自己在 ×× 的后面、×× 的前面，以及自己或他人的运动方向，巩固幼儿对方位词的理解。

关键经验

有意识地运用平移、旋转和翻转进行图形拼搭。

（一）关键经验解读

1. 有意识地运用平移、旋转和翻转进行图形拼搭，反映了幼儿已经能将图形运动后的结果与拼图联系在一起。

2. 这一关键经验包括两个核心。

（1）幼儿不再无意识地、完全通过尝试错误的方法完成拼图，而是在拼图前有初步的预期，能有目的地选择需要的图形，并主动地转动图形，只是这种预期可能还不那么准确。

（2）除了运用平移、旋转的方法外，幼儿还能借助翻转完成拼图。所谓翻转，就是将图形在三维空间里翻一个面。

（二）已有经验基础

幼儿能通过尝试错误的方法进行图形拼搭，会运用平移、旋转的方法完成拼图。

（三）幼儿常见行为表现

幼儿在使用不同三角形拼图时，常常会有以下表现。

1. 随意选择一块三角形，合适就填进去，不合适就丢在一旁，重新拿一块接着试，直到合适为止。

2. 根据菱形边、角的大小，选择合适的三角形，但不知道旋转或翻转三角形。

3. 有意识地选择合适的三角形并旋转它，但填补不上时不知道去翻转。

4. 有意识地运用平移、旋转、翻转的方法。

（四）教育途径与方法

1. 集体教学

从平移、旋转到翻转是幼儿空间思维能力发展的一次跨越。教师可通过拼图材料的设计为幼儿提供需要翻转的机会。在邀请个别幼儿尝试拼图时，请其他幼儿一同观察他是怎样拼的，如将拼板转了转、将拼板翻了过来等。

在幼儿操作时，教师一方面要保证幼儿有充分的探索时间，另一方面对有困难的幼儿可提示他们尝试转一转、翻一翻。

2. 区域活动

活动名称：修房顶

材料：图形拼板、底图。

玩法：幼儿根据底图上空缺的形状，选择图形拼板进行填补。

关键经验

用首尾相接摆放单位量的方式进行长度的自然测量。

（一）关键经验解读

1. 用首尾相接摆放单位量的方式进行长度的自然测量，能帮助幼儿逐步积累长度与单位量等量替换关系的感性经验，进而理解测量结果的意义。

2. 这一关键经验包含两个核心。

（1）能将若干个单位量，如回形针一个接一个地紧挨着被测量物体摆放，回形针之间不重叠、不留空、不偏离。

（2）理解摆放的单位量的总数和被测量物体的长度是一样的，如一本书的一条边和9个回形针连在一起的长度是一样的。

（二）已有经验基础

幼儿通过直接感知或对应比较的方式判断两个物体的长短，如看出来哪个长哪个短，或者将两个物体摆放在一起比一比长短。

（三）幼儿常见行为表现

幼儿在用多个测量工具测量画面上物体的长度时，常常会有以下表现。

1. 摆放测量工具时不能做到首尾相接，测量工具之间留有空隙。

2. 摆放测量工具时不能做到首尾相接，出现重叠现象。

3. 摆放测量工具时沿着物体没有排成一条直线，测量结果有误差。

4. 测量结束后，当教师提问“××有多长？”时，幼儿只说测量工具的数量，如“6个”，而不说“有7个××那么长”。

5. 摆放测量工具时能做到首尾相接，不留白、不重叠等，能用完整的语言“×× 有几个 ×× 那么长”进行表述。

（四）教育途径与方法

1. 集体教学

幼儿在运用自然物测量物体长度时要理解单位量与物体长度的等量替换关系，所以当幼儿尝试用若干测量工具，如小棒测量物体时，教师要引导幼儿观察、讨论怎样量才能刚好量全，是否有量到的地方或者量重的地方，学习正确的测量方法。

在评价环节，鼓励幼儿分享自己的测量方法和测量结果，巩固首尾相接测量的方法，理解所用测量工具的总长度和被测物体的长度是一样的。

2. 日常生活

幼儿运用若干相同的自然物，如回形针、积木，测量教室里不同物体的长度，再将测量的结果记录下来。

关键经验

通过用单位面积（方块）覆盖的方法，体验面积和面积测量的意义。

（一）关键经验解读

1. 通过用单位面积（方块）覆盖的方法，体验面积和面积测量的意义，是幼儿空间测量的重要内容之一。幼儿发现测量一块区域所需要的单位面积数量不仅与被测区域的长度有关，而且与其宽度也有关，积累面积的二维空间概念的经验。

2. 这一关键经验包括两个核心。

（1）采用单位面积覆盖的方法，即利用多个同等大小的单位面积，如小方块完全覆盖在需要测量的区域上，方块之间不重叠、不留空。

（2）理解所用的方块总面积与被测量的区域面积是等大的，也就是说用多个单位量的组合表示被测面积。

（二）已有经验基础

幼儿会通过直接感知或对应比较的方式判断物体面积的大小，如直接看出来哪个大哪个小，或者将两个物体重叠比较出哪个大哪个小。

（三）幼儿常见行为表现

当幼儿用若干小方片测量图形面积时，常常会有以下表现。

1. 用若干小方片覆盖图形时，会将几个小方片叠在一起或者小方片之间留有空隙，说明幼儿不理解面积测量的规则。

2. 在计数所使用的小方片时会出现重复数和漏数现象，说明幼儿还不能理解行列间的关系。

3. 当问幼儿“这个图形有多大时”，幼儿只报出数量，而不是完整描述“有 × 个方片大”，说明幼儿不理解面积测量的意义。

4. 能用小方片覆盖图形，并且准确计数使用的小方片数量，说明幼儿能理解使用方片的数量与图形面积之间的关系。

（四）教育途径与方法

1. 集体教学

在面积测量时，幼儿除了掌握不重不漏的测量方法外，还需要用数字记录用了几个单位量，以理解面积与单位量之间的关系。教师可以出示不同形状的区域，引发幼儿讨论哪个区域大，怎样才能知道谁说得对，进而引出测量任务，明确测量时应该一块靠紧一块，不留空也不重叠。

幼儿测量后，应鼓励幼儿说说“哪个区域大，你是怎么知道的？”，引导幼儿用完整的语言，如“× × 形有 × 个方片大”来表述，进一步理解面积和面积测量的意义。

2. 区域活动

（1）活动名称：开店铺

材料：两种颜色但大小一样的地垫若干、记录单、笔。

玩法：幼儿每人选择一种颜色的地垫，将地垫铺成一块大的区域，记录下所用的地垫数量，比一比谁开的店铺大。

（2）活动名称：舞台有多大

材料：地垫、记录单。

玩法：幼儿用地垫测量舞台的面积，将使用地垫的数量记录下来。幼儿还可以将舞台的大小告诉美工区的幼儿，请他们为舞台制作大小、数量适宜的道具。

3. 日常生活

教师可以鼓励幼儿观察幼儿园的不同场地，尝试根据地砖的数量判断面积的大小。

第四章

大班数学关键经验解析与活动指导

第一节 数与量

一、数的意义

关键经验

学习对物体进行多重角度分类、层级分类以及同时按物体的两种以上特征进行分类。

（一）关键经验解读

1. 对物体进行多重角度分类、层级分类以及同时按物体的两种以上特征进行分类，均是集合分类活动，有利于培养大班幼儿思维的灵活性、发散性、可逆性、复杂性，帮助幼儿在逻辑思维的发展中去中心化，同时在逻辑上把握物体间的关系，理解类与子类的包含关系。

2. 这一关键经验包括三个核心。

（1）对物体进行多重角度分类，幼儿需要理解一个物体有多个特征，从而将同一堆物体按照不同的特征进行多次分类，即先按一种特征分，再按另一种特征分，发现同一个物体可以分到不同的类别中。

（2）对物体进行层级分类，幼儿要从逻辑上把握物体间的关系，理解类与子类的包含关系，即将一堆物体先按一种特征分类，再在分好的基础上按照另一种特征继续往下分。

（3）同时按物体两种以上特征进行分类，幼儿要同时把握物体的多个特征，即综合考虑两个以上特征对物体进行一次分类。

（二）已有经验基础

幼儿已具有一定的分类经验基础，如能按物体的一种外部特征（颜色、形状、大小、高矮、长短等）进行分类，能按物体的内部特征（性质、功能用途等）进行分类等。

（三）幼儿常见行为表现

1. 幼儿根据物体的特征进行多重角度分类时，常常会有以下表现。

（1）能根据物体的不同特征进行多次分类，并且能清楚概括出每次的分类标准。

（2）能根据物体的不同特征进行多次分类，但不能用语言描述每次的分类标准。

（3）思维较单一，只能按一种特征进行一次分类。

2. 幼儿在分类板上按路径进行层级分类时，常常会有以下表现。

（1）幼儿能理解第一层与第二层之间的类与子类的关系，不易理解第二层与第三层之间的关系，更难以理解第一层与第三层之间的关系。

（2）由于分类底板上表示集合的图案比较多，幼儿会受干扰，不能坚持将所有物体全部分完。

（3）幼儿用语言表述分类过程和结果时感到困难，特别是对第三层级的结果进行表述时，往往只根据第三层的分类标准进行讲述，而漏掉第二层的分类标准。

（4）幼儿能根据标记顺利地将物体进行三级分类，并且清楚表述分类结果。

（四）教育途径与方法

1. 集体教学

（1）多角度分类有助于发展幼儿思维的灵活性及发散性。材料的提供对多角度分类活动的开展起到至关重要的作用。

教师所提供的物体要具有多种特征或属性，引导幼儿养成仔细观察材料的习惯，组织幼儿讨论物体中有哪些特征或属性。如黑板上有一些不同颜色、大小、形状、花纹的图形片，教师提问“这些图形一样吗？哪里不一样？”

（2）层级分类是连续性地按物体的不同属性或不同关系进行的分类活动，三级分类是幼儿接触层级分类的开始，与其以往分类活动不同的是，三级分类有两次根据标记分类的过程。

集体教学活动能够让幼儿通过集体讨论、实际操作，分享彼此的经验，进一步推动幼儿逻辑思维能力的发展。所以，教师可以“大风吹”游戏作为导入，激发幼儿分类的兴趣，学习制作肯定与否定标记。

教师可以出示三级分类板的第一层，引导幼儿观察图形的外形特征，请幼儿说说这里都有什么样的图形；教师出示三级分类板的第二层，引导幼儿认识肯定与否定标记，请幼儿进行第一次分类，引导幼儿巩固认识肯定与否定标记；教师出示三级分类板的第三层，引导幼儿进行二次分类。

2. 区域活动

教师可以在区域中提供不同质地、形状、颜色、大小的物体，让幼儿对物体进行多重角度分类、层级分类以及同时按物体的两种以上特征进行分类等多种活动，发展思维的灵活性及发散性。

（1）活动名称：帽子分一分

材料：提供不同花纹、形状、颜色的帽子。

玩法：幼儿在观察完帽子后，对提供的帽子进行分类记录，并尝试介绍自己的分类方法，与同伴比一比谁分的方法多。

（2）活动名称：树叶分一分

材料：各种树叶的图片若干、三级分类底板。

玩法：幼儿观察树叶，说说树叶的不同，将树叶分完后，对照分类标准检查，玩完后将树叶放回原来的位置。

3. 日常生活

教师可以在过渡环节或体育游戏的选择环节有目的地请幼儿分批进行，如晨间锻炼中，教师可以请女生先去，男生中穿运动鞋的先去、不穿运动鞋的后去等，在潜移默化中让幼儿感受分类的有趣，每次的分类都能有不同的结果。

关键经验

进行 100 以内的唱数。

（一）关键经验解读

1. 进行 100 以内的唱数，也就是脱离动作以及具体的被数对象，口头上按顺序说出 100 以内的自然数，这也是大班幼儿数数能力和对数的理解能力不断发展的重要表现。

2. 这一关键经验包括两个核心。

（1）理解数词系统的顺序，既不遗漏也不重复。

（2）理解数词的某一部分重复以及十进位转换处固定的模式和规律，也就是十位数字重复，个位数字从 0 开始递增到 9。接着，十位数字加 1，个位数字恢复至 0 并依次循环的过程。

（二）已有经验基础

幼儿建立了数词之间的联系，能进行 50 以内的唱数。

（三）幼儿常见行为表现

幼儿进行 100 以内的唱数时，常常会有以下表现。

1. 幼儿有序唱数出了 100 以内的数词。

2. 漏数或重复数。

3. 不能从中间的任意一个数开始接着数。

4. 十进位转换即个位数从 9 进位时，十位数常会忘记递增，重复前一个十位数，或者胡乱报出一个十位数。

（四）教育途径与方法

1. 区域活动

活动名称：1—100 数字歌

材料：数字歌音频、播放器、百数图。

玩法：幼儿结合百数图倾听 1—100 数字歌，并随音乐进行 100 以内数字的唱数。

2. 日常生活

抓住生活中的多个环节，引导幼儿用唱数的方式进行计时，自然练习 100 以内的唱数。

关键经验

学习运用接数、按群计数、目测数群等多种计数方法计数。

（一）关键经验解读

1. 运用接数、按群计数、目测数群等多种计数方法计数，是脱离实物和逐一计数的方法，把代表一个物体群的数作为整体去把握。这是幼儿在计数技能熟练后掌握的一些复杂的计数策略。

2. 这一关键经验包括三个核心。

（1）接数，需要幼儿将总数看成两部分（数群），先目测其中一个数群的数量，再从这个数开始，对另一个数群中的数量进行逐一点数。

（2）按群计数，指不依赖于一一点数的方式，而是以数群为单位进行计数，如2个一数、5个一数、10个一数等或者是将总数分为两个数群分别计数，再通过两数相加得出总数。它是数群概念初步发展的标志之一。

（3）目测数群，即先感知，再通过空间模式进一步运用快速计数的方式。如两组星星，一组是3颗，另一组是5颗，3和5合起来是8，幼儿在熟悉数的组成且有数群概念的基础上快速确定星星的数量。

（二）已有经验基础

幼儿能从任意数开始接数；能够准确点数10以内的物体；初步掌握了10以内数概念，具有从整体把握一个数的初步能力。

（三）幼儿常见行为表现

1. 当桌上有两组物体，请幼儿说出它们的总数时，幼儿常常会有以下表现。

（1）没有将它们看成两部分，所以仍用一一点数的方法完成计数。

（2）先目测出其中一组物体有多少，再从这个数开始，接着一一点数另一组物体。

（3）能目测出两组物体分别有多少，但说不出总数。

（4）能用目测数群的方法计数所有物体的数量，且能说出自己的方法。

2. 当请幼儿用 2 个 2 个数、5 个 5 个数的方法计数物体数量时，幼儿常常会有以下表现。

（1）计数到 10 以上的数量后，无法准确说出接数的数词。

（2）5 个 5 个计数时口中报出的数词与实际的物体数量不一致。

（3）能用 2 个 2 个数、5 个 5 个数的方法准确地按群计数。

（四）教育途径与方法

1. 集体教学

在导入环节，教师请幼儿展示“除了一个一个数还可以怎样数的”方法，引导幼儿关注每次拿了几个，应该数到哪儿，体会跳数的规律。

教师提供的小组操作材料，有的可以是实物形式的，便于幼儿移动计数；有的是印在纸上的图案，有的图案已经排成两个一组或五个一组，有的图案没有分组摆放，以呈现不同的难度层次。

2. 区域游戏

活动名称：看谁数得快

材料：瓜子一筐。

玩法：3 名幼儿玩游戏，1 名幼儿分别给两名幼儿抓一把瓜子，看谁先数完。

3. 日常生活

值日生在平时点数班级幼儿人数时，就可以运用接数、按群计数、目测数群等方法进行计数。

关键经验

区分序数和基数。

（一）关键经验解读

1. 区分序数和基数，是幼儿对数的认识的进一步发展，需要幼儿对于数的基数意义与序数意义进行转换。

2. 这一关键经验包括两个核心。

（1）理解数的序数意义和基数意义，即序数表示的是物体排列的次序，是回答第几个；基数表示的是物体的数量，是回答有几个。

（2）区分序数意义和基数意义的不同。在数数的过程中，要理解数到几不仅表示已经数了几个，还表示数到的这个物体在集合中是第几。

（二）已有经验基础

幼儿感知过 10 以内的数量，初步理解数的实际意义；学习过 10 以内的序数，能从不同的方向正确指出某一物体在序列中的位置；在生活中已经积累了很多有关序数的经验，如我的教室在三楼。

（三）幼儿常见行为表现

幼儿在回答“第几层有几本书”时，常常会有以下表现。

1. 用基数意义代替序数意义。

2. 用序数意义代替基数意义。

3. 能够很清楚地区分基数和序数的意义。

（四）教育途径与方法

1. 集体教学

理解基数和序数的意义需要幼儿通过大量的实际操作活动来获得相关的经验，逐步理解与区分基数、序数。在集体教学活动中，教师可以利用“小猴爬树”的情境引导幼儿理解基数与序数的区别。

在小组操作时，教师可以引导幼儿进行彩色串珠的游戏。

2. 区域活动

活动名称：电影院

材料：电影院底图一张，小动物卡片若干。

玩法：幼儿取出几只小动物帮它们找到座位，再说一说每一排座位坐了多少只小动物。

3. 日常生活

（1）在跑步、跳羊角球等活动中，引导幼儿说一说有几个小朋友参加比赛，谁拿了第一名等。

（2）在收拾整理活动中，引导幼儿说一说是怎样整理摆放材料的。

关键经验

借助百数表初步感知100以内数的系统，初步理解数系统的排列规律。

（一）关键经验解读

1. 百数表是指数字1—100按照顺序排列成10×10的矩阵，直观地呈现出数系统十进制的排列规律，便于幼儿感知数字位值的意义。借助百数表中同行依次差1、同列依次差10的排列规律，引导幼儿感知100以内数的排列规律。

2. 这一关键经验包括两个核心。

（1）100以内数系统中十进制的排列规律：每一排个位数是一个一个递增的，竖着看每一列十位数也是一个一个递增的。每排、每列都是十个数，每排排满十个数就开始下一行。

（2）感知数字位值的意义，知道相同数字在不同位值表示的数量意义不同。

（二）已有经验基础

幼儿认识并能够唱数100以内的数，能认读双位数。

（三）幼儿常见行为表现

当用拼板遮住百数表中的一些数字，请幼儿猜测盖住的是什么数字时，幼儿常常会有以下表现。

1. 幼儿习惯利用唱数来判断，而不能主动根据行列之间的关系进行判断。

2. 可以判断其他位置的数字，但在判断百数表第一列和最后一列数字时遇到困难。

3. 当请幼儿自己填写百数表时，将个位数与十位数数字位置颠倒，如 51 容易写成 15、23 写成 32 等，说明幼儿对数字位值的意义感知尚不深刻。

4. 能够根据数字排列的规律判断出遮住的是哪些数字。

（四）教育途径与方法

1. 集体教学

在集体活动中，教师出示百数图，引导幼儿观察百数图上有多少数字，找出指定的数字，初步感受数字的排列规律。

幼儿通过玩“盖掉的是几”，巩固对数字排列规律的感知。在评价交流时，教师可以鼓励幼儿讲述游戏中遇到的困难或发现，基于幼儿的操作帮助幼儿总结百数表行、列数字的变化规律。

2. 区域活动

活动名称：有趣的接数

材料：百数图、“俄罗斯方块”形状的遮挡卡片。

玩法 1：幼儿可以与同伴共同玩接数的游戏，尝试从任意一个数开始接着往下数。

玩法 2：一名幼儿用遮挡卡片挡住百数图上的一些数字，另一名幼儿说出被挡住的数字。

3. 日常生活

可以和幼儿玩“找数”游戏，在生活中寻找符合要求的数，如个位是 2 的所有数、十位是 5 的所有数，找出后说说这些数的差别，如依次多 1、依次多 10。

二、数量关系

关键经验

比较不相邻的 2 个数或 3 个数的大小关系。

（一）关键经验解读

1. 比较不相邻的 2 个数或 3 个数的大小关系就是对抽象的数进行大小比较，它有利于促进幼儿进一步理解数的实际意义，发展心理数线。

2. 这一关键经验包括两个核心。

（1）对 10 以内任意 2 个（或 3 个）不相邻的数进行大小比较，而不是相邻两数或量的比较。

（2）不仅能判断两个数的大小，而且知道一个数比另一个数大多少，如 7 比 5 大 2。

（3）理解 <、> 的意义，会运用符号来表示数字之间的大小关系，这也是幼儿数的比较能力发展的标志之一。

（二）已有经验基础

幼儿能理解数的基数意义，知道数代表的是所有相应数量的物体，如 3 可以表示 3 个苹果、3 个男孩、3 只小鸡、3 张桌子等；能通过计数的方法比较数量的多少。

（三）幼儿常见行为表现

在比较不相邻两个数的大小时，幼儿常常会有以下表现。

1. 不能比较两个数的大小，但可以比较出两堆物体哪堆多、哪堆少。

2. 能说出两个数的大小，但说不出大多少（或小多少），需要借助具体的量才能比较出大多少（或小多少）。

3. 能分辨两个数的大小，不理解比较式的问句。

4. 能判断两个数的大小，并正确回答比较式问句。

5. 比较 3 个数的大小时，幼儿往往会借助两两比较的方法判断它们的大小关系，可能会在两两比较后却说不出 3 个数之间的大小关系。

（四）教育途径与方法

1. 区域活动

活动名称：抽纸牌

材料：纸牌 2 套（只选取其中的 1—10 纸牌）。

玩法：三名幼儿依次抽取纸牌，比较三个人牌面上数字的大小。

2. 日常生活

可在生活中寻找一些数字，问一问幼儿，哪个数字大，哪个数字小。

关键经验

理解 10 以内数与数之间的数差关系的可逆性、传递性。

（一）关键经验解读

1. 理解 10 以内数与数之间的数差关系的可逆性、传递性，是对数之间逻辑关系的认识，是幼儿逻辑思维发展的重要表现。

2. 这一关键经验包括两个核心。

（1）数差关系的可逆性，是指从两个方向排序的能力，也就是说不仅能将数从小到大递增排列，还能从大到小递减排列。

（2）数差关系的传递性，如果 B 比 A 大，C 比 B 大，那么 C 也比 A 大。

（二）已有经验基础

幼儿能在数量比较的基础上将数量为 7 以内的集合按多少排序，同时认识 10 以内数序，感知 10 以内相邻数的数差关系。

（三）幼儿常见行为表现

幼儿有顺序地排列数字时，常常会偶遇以下表现。

1. 幼儿能够按照从小到大或从大到小的顺序排，排好后一边摆放数字一边读，检查有无排错；如发现错误能进行调整。

2. 幼儿没有按照顺序排，对操作规则不理解。

3. 在理解数差关系的传递性时，如果出示具体的数量让幼儿进行一一对应，他们能正确地判断大小，但如果是通过逻辑推理的方式去理解，幼儿则会感到困难并出现错误。

（四）教育途径与方法

1. 集体教学

集体教学活动能够让幼儿通过迁移生活经验、交流讨论彼此的经验进一步丰富自己对10以内数差关系的感知。教师可结合幼儿生活，创设“水果串”的情境开展活动。

在评价环节，呈现按不同顺序排列的操作结果，引导幼儿思考10以内数差关系的可逆性和传递性。

2. 区域活动

活动名称：瓶盖摆一摆

材料：五种颜色的瓶盖（数量分别为6—10个）、数卡6—10各一张。

玩法：将相同颜色的瓶盖排成一排，然后根据五种颜色瓶盖的数量排列顺序，并匹配相应的数卡，最后说一说瓶盖和数卡是按什么顺序排列的。

关键经验

按大小、长短、高矮、粗细、厚薄、宽窄差异对 10 以内物体进行正向排序和逆向排序。

（一）关键经验解读

1. 按大小、长短、高矮、粗细、厚薄、宽窄差异对 10 以内物体进行正向排序和逆向排序，是指将 10 个以内物体按照大小、长短、高矮、粗细、厚薄、宽窄等某种特征的差异排列成序，理解序列关系的传递性和可逆性，发展抽象逻辑思维能力。

2. 这一关键经验与之前连续量排序相比，除数量增多、涉及的连续量范围更广以外，还包括能够基于对量的序列关系中传递性、可逆性的理解，独立地对多个物体进行正向、逆向排序，如既能从宽到窄排，也能从窄到宽排。

（二）已有经验基础

幼儿能够运用两两比较等多种方法判断物体的差异，并能按大小、长短、高矮、粗细差异对 7 个以内物体进行排序。

（三）幼儿常见行为表现

幼儿在桌上排列长短、宽窄或大小不同的 10 张卡片时，常常会有以下表现。

1. 不能在一条基线上排列卡片，导致排列时出现错误。

2. 大部分卡片排列正确，但中间有个别卡片出现错误。

3. 在描述物体特征差异时用词不准确，如用长短、大小描述宽窄。

4. 只能按照一种顺序排列。

5. 能根据按大小、长短、高矮、粗细、厚薄或宽窄差异对 10 个以内的物体进行正向和逆向排序。

（四）教育途径与方法

1. 集体教学

以往幼儿在排序时，通常在指定的横线上排列物体，不需要自己确定基线。大班时，幼儿需要自己确定基线独立给物体排序，这无疑增加了活动的难度。教师通过出示围巾图片，引导幼儿观察围巾的长度，引导幼儿思考可以按照长短顺序进行排列。

幼儿需要自主确定基线把围巾进行正逆排序。在排序物体增多的情况下，教师可以引导幼儿找到按序排列的方法与策略，帮助幼儿理解序列关系的传递性。

在集体交流不同的排序方法时，请幼儿说说这条围巾比哪些围巾长、比哪些围巾短，进一步理解序列关系的传递性和可逆性。

2. 区域活动

教师可以在区域中提供厚薄不同的图书 5 本、长短不同的油画棒 10 支、宽窄不同的书架排序卡 10 张等多种材料，让幼儿在多种活动中理解物体宽窄（或长短等）关系的传递性和可逆性。

（1）活动名称：排油画棒

材料：油画棒 10 支。

玩法：幼儿根据油画棒的长短排序。

（2）活动名称：排图书

材料：厚薄不同的图书 5 本。

玩法：幼儿根据书本的厚薄排序。

3. 日常生活

在日常生活中，教师要有意识地利用生活中的材料，丰富幼儿对物体特征的感知，指导幼儿用准确的词语进行描述，如宽窄、厚薄、粗细。在散步时，鼓励幼儿用各种方法比较不同树干的粗细，并根据树干的粗细给树木挂牌编号排序。

关键经验

理解估数的意义，对物体数量有初步的数感。

（一）关键经验解读

1. 理解估数的意义，对物体数量有初步的敏感，是幼儿对估数的初步体验，能够帮助幼儿形成和提高数感，支持幼儿运算灵活性、简洁性、多样性的发展。

2. 这一关键经验包括三个核心。

（1）不通过数数来判断数量的多少。

（2）理解估数不是精确计数，而是判断某个集合“大概有几个”，可以跟实际的数量不一样。

（3）估数有准和不准之分，估得离实际数量更接近就是估得更准。

（二）已有经验基础

幼儿理解数的实际意义，能用多种方法来表示数。

（三）幼儿常见行为表现

幼儿抓一把豆子，猜猜有几个时，常常会有以下表现。

1. 不敢猜，总是要数一数。

2. 在判断谁猜得更准时，会认为只有猜得和实际结果一样才是“准”，猜得都不一样就是都“不准”。

3. 猜测的结果离实际结果偏差太大。

4. 知道估数不一定要和实际结果一样，但可以更为准确地估计。

（四）教育途径与方法

1. 集体教学

理解估数的意思是“大概有几个”而非准确计数，能根据物体大小初步估计其数量，并基于对 10 以内接近数的认识，判断“谁估得更准（更接近实际数量）”。集体教学能够让幼儿通过演示、讨论理解什么是估数，怎么才算“估得更准”。

教师可以出示一筐蚕豆（或其他材料）并介绍“抓了多少”的游戏，明确需要两人合作进行该游戏，请一名幼儿与教师配合演示。

在评价环节，邀请幼儿说一说自己估得准的方法。

2. 区域活动

活动名称：你能抓几个

材料：实物若干，如花生、板栗、蚕豆等；小筐一个。

玩法：幼儿用力抓一把，先猜抓了几个，再数一数，看看猜得准不准。

3. 日常生活

在午餐前，请值日生根据每桌幼儿的实到人数，用“一把抓”的方式取出需要的几双筷子，看看谁抓的数量最准确。

关键经验

根据已知线索，推断未知物群的数量。

（一）关键经验解读

1. 根据已知线索，推断未知物群的数量表明了幼儿对数量的感知能力以及推理能力的发展，他们开始意识到想要对某个事物进行判断，必须要有依据。

2. 这一关键经验包括两个核心。

（1）在不数数的情况下对未知物群给出一个近似的数量。

（2）在推断未知物群数量时，不是凭空乱猜，而是能依据某种线索进行猜测，如物体大小与所占空间的关系，或根据一个已知小物群的数量来判断。

（二）已有经验基础

幼儿要理解估数的意义，对物体数量有初步的数感，初步具有根据已有线索分析、推理、判断的逻辑思维能力。

（三）幼儿常见行为表现

给幼儿一个圆盘，里面摆 10 颗花生，出示另一个更大的圆盘摆满花生，请幼儿猜测时，幼儿常常会有以下表现。

1. 直接拿起圆盘数花生。

2. 不看装有 10 颗花生的圆盘，随意猜测一个数量。

3. 会有意识地看装有 10 颗花生的圆盘，但猜测的准确性不高。

4. 能够较为准确地判断花生的数量，但不能说清楚判断的依据。

5. 不仅较为准确地判断花生的数量，还能说出判断的依据。

（四）教育途径与方法

1. 集体教学

集体教学活动能够让幼儿通过个别演示、集体交流彼此的经验，进一步理解估数的意义，发展估数的能力。教师可以“数章鱼”为情境，引发幼儿估数的兴趣，交流估数的策略。

教师可以为幼儿提供猜猜有多少、数一数等不同的小组活动，让幼儿有更丰富的估数经验。在幼儿操作时，教师观察幼儿能否理解活动规则，能否根据已知来估测未知量，估测的误差大不大；鼓励幼儿主动请同伴检查，并能解释自己的推测理由。

2. 区域活动

活动名称：数一数

材料：1 个小瓶子里装 10 粒蚕豆，2 个大瓶子里装 30—40 粒蚕豆。

玩法：两名幼儿共同游戏，根据小瓶子里的蚕豆数量估计每个大瓶子里的蚕豆数量，然后打开大瓶子共同计数验证，相互检查估得是否准确。

3. 日常生活

在分发礼物或其他物品时，有意识地引导幼儿先数出一部分，再估计全部的物体数量是否够发给每名幼儿。

三、数的运算

关键经验

进行 10 以内数的分解与组合，理解分合中的互换、互补关系。

（一）关键经验解读

1. 进行 10 以内数的分解与组合，理解分合中的互换、互补关系，也就是学习将 10 以内（除 1 外）任意总数分成两个部分数的不同方法，并发现在总数不变的情况下，两个部分数在数量和位置上的变化规律，是大班幼儿数运算发展的一个重要方面。

2. 这一关键经验包括两个核心。

（1）数的分解与组合，是指一个总数可以分成几个部分数，几个部分数可以合成一个总数。

（2）理解分合中的互补、互换关系。所谓互补关系是指在总数不变的情况下，一个部分数逐一减少（或增加），另一个部分数就逐一增加（或减少）；所谓的互换关系是指两个部分数交换位置，总数不变。

（二）已有经验基础

幼儿感知过 5 以内数量，在动作水平上体验过 5 个物体可以被分成两份。

（三）幼儿常见行为表现

幼儿将几个物体分成两份时，常常会有以下表现。

1. 受公平、平均等社会生活习惯的影响，认为两个部分数如果不一样多，会不公平，而不是从数学角度去思考解决问题。

2. 不理解什么是分两份，也不理解总数与两个部分数之间是等量的关系。

3. 分合过程与记录分离，不能按分合的结果进行对应记录。

4. 不能发现分合中的互补、互换关系，不能穷尽分合的结果，有重复或遗漏。

5. 能发现分合中的互补、互换关系，能穷尽分合的结果。

（四）教育途径与方法

1. 集体教学

数的分合包括数的分解与组合，集体教学活动可以帮助幼儿理解数的分合中有三种关系。教师可以创设“朝三暮四”“翻片片”等情境，引导幼儿体验分合过程中两个部分数的互补、互换关系。

在小组操作时，教师可以为幼儿提供“分香蕉”“翻片片”等不同的游戏，让幼儿通过自己的操作发现10以内分合结果中存在的规律。在幼儿操作时，教师应鼓励幼儿边操作边讲述。

2. 区域活动

（1）活动名称：拨珠子

材料：一串珠子、记录单、铅笔。

玩法：幼儿在记录单上记录珠子的总数，然后逐一拨珠子，拨一次记两次，穷尽所有分法。

（2）活动名称：翻花片

材料：双色花片、记录单、铅笔。

玩法：幼儿先将所有花片翻到同一颜色，然后每次翻一个，翻一次记一次，直至将全部花片翻完。

3. 日常生活

在日常生活中，教师可以与幼儿玩“碰球”游戏，巩固幼儿10以内分合的经验。

关键经验

体验数量的多种分合方法。

（一）关键经验解读

1. 体验数量的多种分合方法，感受一个数量包括但不限于二分法的多种分法，有利于发展幼儿思维的灵活性，在具体的问题情境中能够转换思维方式，对数的认识不局限于“是由两个部分组成的”。

2. 这一关键经验包括两个核心。

（1）能将一个数量分成若干个部分，如既可以分成两部分，也可以分成三部分、四部分等。

（2）一个数量被分成若干部分后，每个部分数合起来与原来的数量要相等。

（二）已有经验基础

幼儿进行过10以内数的分解与组合，理解分合中总数与两个部分数之间的包含与等量关系。

（三）幼儿常见行为表现

幼儿将一堆物体分成若干部分时，常常会有以下表现。

1. 受数量二分法的影响，只能将数量分成两个部分。

2. 能找到除二分法以外的某一种分法，但想不到其他更多的不同分法。

3. 能将一个数量分成若干个部分，如既可以分成两部分，也可以分成三部分、四部分等，且每个部分数合起来与原来的数量相等。

（四）教育途径与方法

1. 集体教学

教师可结合幼儿生活经验，创设“分玩具”的情境，在小组操作中，为幼儿提供“分玩具”等游戏，引导幼儿探索数量的不同分法，理解每个部分数合起来与原来的数量相等。

在评价环节，教师可以重点邀请能够一次性取出所有玩具分完的幼儿展示操作过程，巩固幼儿对数量多种分合方法的体验。

2. 区域活动

活动名称：合起来是几

材料：10 以内数卡，雪花片若干。

玩法：幼儿多人合作游戏，将所有数卡背面朝上，从中抽取任意一张数卡。根据数卡拿取相应数量的雪花片，然后将雪花片分成若干份，试试有几种不同的分法。

3. 日常生活

幼儿在玩角色游戏时可以体验数量的多种分合方法。如超市中的物品定价都低于 10 元，幼儿每人拿 10 元钱去超市购物，可以购买不同的物品组合将 10 元钱花完。

关键经验

能对一定数量的物体进行等分，如二等分和四等分。

（一）关键经验解读

1. 能对一定数量的物体进行等分，如二等分和四等分，是数量分合中的一种特殊情况，对幼儿进行数量分合有更加具体的要求。

2. 这一关键经验包括两个核心。

（1）将一定数量的物体分成若干个部分，如两部分或四部分，每个部分数合起来要等于原来的数量。

（2）分成的每个部分的数量均要相等。

（二）已有经验基础

幼儿有10以内数的分解与组合的经验，理解分合中总数与两个部分数之间的包含与等量关系；体验过数量的多种分合方法。

（三）幼儿常见行为表现

幼儿对一定数量的物体进行二等分和四等分时，常常会有以下表现。

1. 多次尝试仍然没有办法让分成的若干部分数量均相等。

2. 能够将物体进行二等分，但没有办法进行四等分。

3. 能对可移动的物体进行二等分和四等分，但没有办法对不可移动的物体进行二等分和四等分。

4. 能对可移动或不可移动的物体进行两等分或四等分，且分成的每个部分的数量均相等，每个部分数合起来等于原来的数量。

（四）教育途径与方法

1. 集体教学

对一定数量的物体进行等分对大班幼儿来说是有一定难度的，教师可结合幼儿的生活经验，创设“分笑脸”的情境。

在评价环节，教师可以邀请运用不同方法进行数量等分的幼儿展示他们的操作过程，巩固幼儿对数量等分的感知。

2. 区域活动

活动名称：我是小帮手

材料：两层货架 1 个、罐子 4 个、饼干若干。

玩法：幼儿将饼干按种类分，将同一种类的饼干分成两份装在罐子里，同一层的每个罐子里饼干数量要一样多。

3. 日常生活

在日常生活中，教师可以借助具体的情境鼓励幼儿运用数量等分的方法解决问题，如 2 名幼儿要玩 6 辆小车，幼儿可以想一想怎样让两个人拿的一样多。如果又来了 1 名幼儿，又该怎样分。

关键经验

借助动作、表象进行 10 以内加减运算，理解加减的实际意义。

（一）关键经验解读

1. 借助动作、表象进行 10 以内的加减运算，理解加减的实际意义是大班幼儿数学学习的一项重要内容。

2. 这一关键经验包括三个核心。

（1）动作水平的加减，指幼儿以实物等直观材料为工具，借助合并、分开等动作进行加减运算。

（2）表象水平的加减，指幼儿可不借助直观的实物或动作，而是依靠头脑中呈现的物体表象进行加减运算，如问“2+3 等于多少”时，幼儿在头脑中会想到“有 2 只小鸟，又飞来 3 只小鸟”。

（3）理解加减的实际意义，幼儿知道把一个数和另一个数合起来，求一共是多少用加法计算；从一个数里去掉一个数，求还剩多少用减法计算。幼儿更多地是在应用题的学习中，不断理解生活中事物的简单数量关系，巩固对加减运算的理解。

（二）已有经验基础

幼儿有借助实物或者情境理解 10 以内集合的数量变化的经验，利用生活和游戏情境中的实例体验过加减的含义。

（三）幼儿常见行为表现

幼儿看画面编加减应用题时，常常会有以下表现。

1. 不会用简洁的语言口编应用题，而是像讲故事一样描述题目。

2. 不会提问，而是直接将结果在题目中说出来。

3. 混淆加减应用题中的关键词“又”“一共”“还剩下”。

4. 能根据画面内容编出正确的应用题，并列出算式计算。

（四）教育途径与方法

1. 集体教学

编应用题时，要让幼儿把知道的答案藏在心里不说出来，还要提出一个问题去问别人，这对大班幼儿来说是有一定困难的。幼儿在集体教学活动中通过模仿句式、集体交流来熟悉提问的句型。

在导入环节，教师要帮助幼儿明确编应用题需要提出一个问题，引导幼儿感知加减应用题的结构。

在评价环节，邀请个别幼儿看图编应用题，进一步总结应用题的结构，帮助幼儿理解什么是应用题。

2. 区域活动

活动名称：你说我演

材料：小布袋 1 个，小玩具或实物若干。

玩法：两名幼儿合作，商量谁说谁演，一名幼儿讲述需要表演的内容，两人共同分析所讲内容与语句是否正确，另一名幼儿按讲述的内容进行表演，两人交换角色继续游戏。

3. 日常生活

教师可以引导值日生在拿放运动器械时，边拿边讲述；在玩拍球、跳绳时，也可引导幼儿连续玩两次，然后将玩的情况编成加法应用题说一说。

关键经验

认识 +、–、= 等运算符号和加减算式，初步理解算式表示的意义。

（一）关键经验解读

1. 认识 +、–、= 和加减算式，初步理解算式表示的意义，就是能不借助实物和表象，运用符号和算式进行加减运算，是大班 10 以内加减运算的最高阶段，对幼儿来说也是具有较大挑战性的内容。

2. 这一关键经验包括了两个核心。

（1）认识 +、–、= 等符号，知道“多了”“合起来”“又来了”等事情可以用 + 表示，“少了”“取走”等事情可以用 – 表示。

（2）认识加减算式并初步理解算式表示的意义，理解算式中每一个数字及符号在事件中表示的意义，知道多种不同的事情可以用同一个算式表示。

（二）已有经验基础

幼儿能借助动作、表象进行 10 以内的加减运算，理解加减的实际意义；能进行 10 以内数的分解与组合，理解分合中的互补、互换关系。

（三）幼儿常见行为表现

幼儿看算式算出结果，并且说出算式表示的含义时，常常会有以下表现。

1. 不能正确算出算式的结果，也说不出算式的含义。

2. 能正确算出算式的结果，但需要借助具体的材料才能说出算式的含义。

3. 在数量较大时不能正确算出算式的结果，但能说出算式的含义。

4. 能正确算出算式的结果，但是无法说出算式的含义。

5. 能正确算出算式的结果，且能说出算式的含义。

（四）教育途径与方法

1. 集体教学

幼儿由具体到抽象的思维特点，决定了他们对加减运算的学习必须在实际情境中进行。集体教学活动能够让幼儿通过观察动态过程转为静态图片，较好地帮助幼儿理解三幅图所表达的意思，进而理解 +、–、= 及算式的含义。因此，教师设计了“演出照片”的情境，引导幼儿认识 +、–、=，知道等号表示两边的数量相等，理解这是一道加法（减法）算式。

在评价环节，教师展示幼儿的多张活动单，幼儿用简洁的语言讲述事件，并说出算式，引导幼儿发现几幅图虽然表示的事情不一样，但都可以用同一个算式来表示。

2. 区域活动

活动名称：算式接龙

材料：算式接龙卡若干。

玩法：幼儿随机取出一张算式接龙卡，观察前后两端的数字和算式，计算算式的得数，再选出前端数字是该算式得数的接龙卡接在后面，依此将所有接龙卡全部接完。

第二节　几何与空间

一、几何图形

关键经验

认识并命名球体、长方体、正方体、圆柱体，认识长方体、正方体的面。

（一）关键经验解读

1. 认识并命名球体、长方体、正方体、圆柱体，认识长方体、正方体的面，知道常见立体图形的基本特征，进一步丰富幼儿对几何形体的认识。

2. 这一关键经验包括两个核心。

（1）了解常见立体图形的特征和名称。

（2）对比观察正方体和长方体的相似与不同，进一步认识它们的面。

（二）已有经验基础

幼儿已认识常见的平面图形，如圆形、正方形、长方形等，知道这些图形的特征，并能正确地区分；幼儿进行过物体之间的比较，能简单说出物体特征的异同；幼儿在生活中见过与球体、正方体、长方体和圆柱体相似的物体，如球、盒子、罐子等。

（三）幼儿常见行为表现

1. 幼儿区分、寻找球体、长方体、正方体和圆柱体时，常常会有以下表现。

（1）易将球体、长方体、正方体、圆柱体说成球形、长方形、正方形、圆柱形。

（2）会将有正方形面的长方体误认为是正方体。

（3）能正确区分并指认球、长方体、正方体和圆柱体。

2. 幼儿画正方体、长方体的平面展开图时，常常会有以下表现。

（1）不能找到所有的面，重复或漏画了某个面。

（2）虽然找到了所有的面，但是零散地画出每个面，说明幼儿没有发现每个面的关系。

（3）能有序画出连续的四个面，但在画旁边的两个面时不知道要和哪个面连在一起。

（4）能有序地画出连续的六个面。

（四）教育途径与方法

1. 集体教学

体是对物体形状的抽象，幼儿必须在观察、比较、分析具体物体的基础上，抽象出该种形体最为基本的特征。集体教学活动能够让幼儿通过集体观察、比较、讨论分析并充分感受到立体图形的特点。教师可以“做砖头”为问题情境，引导幼儿观察、比较正方体和长方体的相同与不相同。

2. 区域活动

（1）活动名称：拼盒子

材料：正方形、长方形磁力片。

玩法：幼儿用磁力片拼搭成正方体、长方体，感受面与体的关系。

（2）活动名称：做礼物盒

材料：正方体、长方体展开图。

玩法：观察正方体、长方体展开图，将展开图折叠、粘贴成正方体、长方体。

3. 日常生活

教师可以充分利用生活中的场景和物品引导幼儿认识常见立体图形。如，在幼儿玩球的时候，请幼儿说一说球是什么样的，玩的时候发现了什么。再如，看到薯片罐子时，请幼儿反复摸一摸圆柱体的罐子，感受其中间部分上下一样粗的特点等。

关键经验

理解图形的对称性并学习等分图形。

（一）关键经验解读

1. 理解图形的对称性并学习等分图形，是在感知对称图形的基础上进行的，是大班幼儿学习几何图形的内在联系和图形部分与整体之间关系的重要方面。

2. 这一关键经验包括两个核心。

（1）正确区分对称图形和不对称图形，了解对称图形的对称轴和轴两侧图形完全相同的特征。

（2）在理解图形对称性的基础上，通过等分感知图形部分与整体的关系。等分的份数越多，每一份就越小，整体大于任何一个部分。等分的形式是多样的，让幼儿掌握多种等分形式，有利于培养、提高幼儿的判断和推理能力。

（二）已有经验基础

幼儿对生活中事物的对称性有初步的感受，如对称的建筑、蝴蝶、衣服等；有折纸、剪纸的经验，知道对折时边对边、角对角要折整齐。

（三）幼儿常见行为表现

1. 理解图形的对称性时，幼儿常常会有以下表现。

（1）受图形上一些装饰性花纹或颜色的干扰不能确定图形是否对称。

（2）忽略细节而误判对称图形。

（3）理解并正确判断图形是否对称。

2. 学习等分图形时，幼儿常常会有以下表现。

（1）多次修剪之后，虽然能够保持等分后的部分是相同大小的，但并不理解这几个部分合起来已经与原来的整体不一样大了。

（2）受精细动作技能的影响，等分后的图形并不是完全相等。

（3）找不准对称轴，不会通过对折的方法找到对称轴，所以不能等分图形。

（4）能用对折的方法找到对称轴，并且将图形等分。

（四）教育途径与方法

1. 集体教学

对于大班幼儿来说，他们通过学习对称主要是感受对称的特点，感知、体会对称形式的不同，能运用一定的方法判断对称图形。集体教学活动能够让幼儿通实际操作、集体交流进一步体验对称图案在空间关系上的特征。教师可以“小蝴蝶找对称”为问题情境，引导幼儿观察比较左右两边的形状并进行验证。

当幼儿提出用对折的方法验证时，鼓励幼儿演示，提示幼儿对折时边角对齐，证明蝴蝶左右两边的翅膀对折后外形、大小是一样的，进一步理解对称图形。

2. 区域活动

教师可以在区域中提供不同的图形、操作单、标记等多种材料，让幼儿在图形折一折、画出另一半、剪对称图形等多种活动中感知对称图形的特点。

（1）活动名称：摆出另一半

材料：自制底纸、彩色组块。

玩法：幼儿观察底纸，看着左边的图样，在右边摆出对称的另一半。

（2）活动名称：剪对称图形

材料：图形模板、纸、剪刀、胶棒、活动单。

玩法：幼儿将纸对折，将图形模板的一边沿纸的对折边对齐，然后沿模板画出轮廓剪下，展开后贴在活动单上。

3. 日常生活

教师可以鼓励幼儿在教室或周围的环境中寻找对称图形或图案等，说说它是什么样子的，并将它记录下来。如在户外锻炼、散步时，引导幼儿观察水中的倒影与实景的对称关系，找找对称的建筑、对称的树叶。

关键经验

用图形及图形组合进行较为复杂的组合与分解，理解其中的组合替代关系。

（一）关键经验解读

1. 用图形及图形组合进行较为复杂的组合与分解，理解其中的组合替代关系，是幼儿阶段需要发展的几何能力之一。它为幼儿理解数学的其他内容奠定了基础，特别是数数和运算，如部分与整体之间的关系、分数概念等。

2. 这一关键经验包括两个核心。

（1）能够构造单元图形，再用单元图形组合成更大的图形。

（2）能在表象水平上有意识地对图形进行组合与分解。

（二）已有经验基础

幼儿不用借助分割线的提示，进行简单的图形组合与分解，能有意识地运用平移、旋转、翻转等方法进行图形拼搭。

（三）幼儿常见行为表现

幼儿用不同的图形拼一个大的长方形时，常常会有以下表现。

1. 只能通过尝试错误的方法，随机选择图形进行拼搭。

2. 不能将大的长方形分成几个小的图形，再完成小的图形的组合。

3. 无法表征出自己进行图形组合的方法。

4. 能将大的长方形分成几个小的图形，将小的图形拼好后，组合成大的长方形，并会进行表征。

（四）教育途径与方法

1. 集体教学

幼儿通过图形组合与分解，体验整体与部分之间的组合替换关系。幼儿在集体教学活动中尝试、体验并交流、记录、分享彼此的经验，进一步发展图形组合与表征能力。教师可以“小小规划师”为问题情境，引导幼儿讨论不同的拼法、丰富空间运动经验。

首先，教师出示“小小规划师”底纸，引导幼儿说说每个小区都要安排什么样的房屋，有几座，要种几棵大树。

其次，幼儿选择俄罗斯方块和大树进行小区地盘的设计，不重复也不漏盖。教师可追问“三座房屋的形状怎么来表示，四棵大树怎么表示”，引导幼儿用自己的方法来表示，如涂色、画圈、打钩等，感受组合的多样性。

2. 区域活动

教师可以在区域中提供俄罗斯方块、底纸等多种材料，让幼儿在盖方块的活动中感受组合的多样性。

活动名称：盖方块

材料：俄罗斯方块一套、活动底板。

玩法：幼儿选择一张活动底板，根据底板上空缺的地方，选择合适的俄罗斯方块覆盖上去，把它填满。

二、空间关系

关键经验

学习辨别自己和他人的左右。

（一）关键经验解读

1. 学习辨别自己和他人的左右，是大班幼儿空间方位能力发展的重要方面。

2. 这一关键经验包括两个核心。

（1）能以自身为中心区分左右，即先能分辨自己身体上的左右，然后再以自己为参照物来辨别物体的左右。

（2）能以客体为中心区分左右，即随着幼儿心理旋转能力的发展，空间思维也逐渐发展到“去自我中心化”，能以他人为参照物区分左右。

（二）已有经验基础

幼儿在生活中接触过左右等方位词，感知过左右方位。

（三）幼儿常见行为表现

1. 幼儿辨别自己的左右时，常常会有以下表现。

（1）不能分辨自己的左右。

（2）靠记忆区分自己的左右手，却不能区分自身其他部位的左右，或者自己的左右。

（3）能正确区分自己的左右。

2. 幼儿辨别他人的左右时，常常会有以下表现。

（1）当他人与自己面对面时，认为自己的左边就是对方的左边。

（2）不能按要求将材料放到物品的左边或右边。

（3）能正确辨别他人的左右，按要求将材料放到物品的左边或右边。

（四）教育途径与方法

1. 集体教学

幼儿感知、描述、区分自己身体的左右，认识自己和物体，以及物体与物体之间的位置关系，尤其是在辨认对面客体的左右方位时，容易产生左右混淆的现象。集体教学活动能够让幼儿通过集体观察、实际操作解决认识空间方位的困难。所以，教师可以“听口令做动作”游戏作为活动引入，引导幼儿讨论、交流以自身为中心区分左右的经验。

教师可以出示“发餐具”示意图，引导幼儿观察并说说图中的餐具是怎么摆放的。

2. 区域活动

教师可以在区域中提供玩具卡片、自制底纸迷宫若干，让幼儿在找玩具、泡泡糖、点爆竹等多种活动中体验以自身为中心与以客体为中心的区别。

（1）活动名称：找玩具

材料：玩具卡片若干、自制底纸。

玩法：幼儿观察木偶在图上的位置，再看表格中木偶面对的方向，找一找它的左边是什么柜子，右边是什么柜子，取出相对应的卡片放在左右手标记下面。

（2）活动名称：泡泡糖

材料：铁片娃娃、各色小磁贴。

玩法：两名幼儿面对面，边念儿歌边和同伴拍手，一名幼儿念到“泡泡糖、泡泡糖，一不小心粘在左手上（可是身体任意部分）”时，另一名幼儿拿起磁贴贴在娃娃的相应部位。

3. 日常生活

在日常生活中，教师要有意识地用正确的方位词与幼儿进行交流，如“请到你左边的语言区拿本书来”；教师也可以利用圆圈上的活动，如做操、邀请舞等，引导幼儿充分感受对面同伴的左右方向与自己的左右方向正好是相反的。

关键经验

学习用符号表示物体在二维空间中的位置和运动方向。

（一）关键经验解读

1. 学习用符号表示物体在二维空间中的位置和运动方向，是大班幼儿开始对自己所处的空间环境形成心理表征，也能对其中的空间关系建立模型后的一种尝试。

2. 这一关键经验包括两个核心。

（1）能用箭头、图形等符号表示物体的位置和运动方向，如用向上的箭头表示物体向上移动。

（2）符号表示的是物体在二维空间的位置和运动方向，而不是三维空间的。

（二）已有经验基础

1. 幼儿参观、认识自己所处的环境，如知道自己班级在整个幼儿园中所处的位置、班级格局等。

2. 知道自己行走的路线，在哪儿拐弯的、行走过程中会看到什么等，并能用语言描述。

3. 有用符号记录的经验，能根据简单符号提示进行操作。

（三）幼儿常见行为表现

幼儿在网格图上表示物体往目的地移动时，常常会有以下表现。

1. 能在网格图中，完成从起点到终点的过程，但不知如何表征，无从下手。

2. 能有自己的表征方法，但不能准确表示运动方向。

3. 表征时会使用箭头表示方向，但不能将箭头与运动方向统一。

4. 能准确地用箭头表示物体运动方向，但不能准确表达出到底走了多远。

5. 能正确使用箭头、数量表达物体运动的位置与距离。

（四）教育途径与方法

1. 集体教学

“路径”活动的目的是让幼儿获得关于上、下、前、后、左、右空间方位的相关经验，促进幼儿空间知觉的发展。幼儿对方向标记的理解主要是在运用中发展起来的，集体教学活动能够迁移幼儿已有生活中关于方向标记的经验。教师可以“种树”为情境导入，帮助幼儿熟悉地图，引出活动内容。

教师出示路径图，引导幼儿观察路径图上有什么，引导幼儿理解箭头表示的意思，并学习按箭头方向行走。

教师可以提供“种树”“礼物是什么”等不同的小组活动，让幼儿有更丰富的经验。在幼儿操作时，教师鼓励幼儿边操作边讲述，如第一步向左、第二步向上等。

2. 区域活动

教师可以在区域中提供箭头、底纸等多种材料，让幼儿在“礼物是什么”“哪队走得对”等多种活动中加深对方向标记意义的理解。

（1）活动名称：礼物是什么

材料：箭头若干、底纸。

玩法：幼儿根据箭头的指引，画出每只小动物寻找礼物的路线，最后说一说它得到的礼物是什么。

（2）活动名称：画出藏宝图

材料：宝贝图标、藏宝图、记录单、笔。

玩法：幼儿将宝贝图标任意放在藏宝图中的任意一格，然后画出自己的藏宝路线。

3. 日常生活

教师可以在环境中贴上方向标记或者与幼儿一起在园内走廊与楼梯旁张贴前往各活动室的标记等，然后请幼儿根据箭头所指的方向找到指定地点；与幼儿讨论方向标记的作用、可以标注在哪些地方等。

关键经验

进行图形拼搭时，有意识地预期旋转和翻转的结果。

（一）关键经验解读

1. 进行图形拼搭时，有意识地预期旋转和翻转的结果，将看到的空间形象、空间关系等进行再现和操作，是大班幼儿空间视觉化发展的一个方面。

2. 这一关键经验包括两个核心。

（1）能对图形运动的结果形成较为精确的表征，图形拼搭时不经过尝试就能想象出缺失的那部分。

（2）幼儿在空间表象的水平上，对图形进行准确定位，通过平移、旋转和翻转等空间运动，完成图形拼搭。

（二）已有经验基础

幼儿能试着运用转一转、翻一翻的方法进行图形拼搭，已经能将图形运动后的结果与拼图联系起来。

（三）幼儿常见行为表现

幼儿拼搭图形时，常常会有以下表现。

1. 未建立起缺失部分与被选图形之间的关系，即看到缺失的部分，不能找出相对应的图形。

2. 不能对所选图形进行多次和充分的旋转或翻转探索，一旦发现不对就容易放弃。

3. 当有多块图形空缺时，较难选择，不能根据空缺处的形状，在脑中对所选图形进行翻转、旋转并判断是否合适。

4. 能有意识地在脑中对图形进行旋转、翻转并加以判断。

（四）教育途径与方法

1. 区域活动

教师可以根据大班幼儿的年龄特点和空间视觉化的发展水平，引导幼儿在进行拼图时，预期图形及图形运动的结果，并给予幼儿充分的时间，让幼儿去观察、思考、探索，让幼儿将视觉感知到的空间形象、空间关系在脑中进行再现。

活动名称：七巧板

材料：底板、七巧板。

玩法：幼儿选择一个底板，根据上面的外形，选择合适的七巧板拼搭在上方。

2. 日常生活

教师可以鼓励幼儿在收纳时讨论、尝试合理利用空间的方法，即如何将不同大小的物体进行组合收纳，如请幼儿帮忙将水果收到托盘里。

关键经验

理解简单示意图中的空间关系。

（一）关键经验解读

1. 理解简单示意图中的空间关系，能够发展幼儿在脑中重建物体空间关系的能力。

2. 这一关键经验包括两个核心。

（1）理解示意图与实际场景的关系，将抽象的示意图中的物品、位置与实际情境中的物品、位置一一对应。

（2）示意图是简单的，物体的数量、相互之间的关系都不太复杂。

（二）已有经验基础

幼儿能以自身及客体为中心辨别上、下、左、右等位置，能用上、下、前、后、里、外、中间、旁边等方位词描述物体的位置和运动方向。

（三）幼儿常见行为表现

幼儿根据示意图寻找教室里某件物品时，常常会有以下表现。

1. 不能理解示意图是教室的二维表征方式，不能将空间示意图中的物体与教室中的物体相对应。

2. 能大概看懂示意图，但不能以不同客体为中心判断出物体的空间关系。

3. 能看懂平面图，并根据平面图准确判断出物体所在的位置。

（四）教育途径与方法

1. 集体教学

平面示意图是三维实景世界的一种表征形式，理解平面图上图符的意思，根据平面图在实景中找到对应的位置，对大班幼儿来说有一定的挑战。集体教学活动让幼儿在集体观察、交流分享经验的过程中关注平面图与实景的对应关系。教师可以开展活动“我的座位”，引导幼儿理解各图符的意思。

教师可与幼儿集体观察教室的平面图，引导幼儿说说哪个是活动室，哪个是集中区，是从哪里看出来的。幼儿观察并指认平面图上的图符，尝试判断图符所表示的实景地点。

集体玩“我的座位”游戏。教师出示座位的平面图，请幼儿自主找到自己在图中的位置。

在交流分享时，引导幼儿说说是怎么判断位置的，进一步理解平面图图符的意思。

2. 区域活动

教师可利用幼儿常见的场景或模型，如娃娃家，从简单的布局图开始，引导幼儿在娃娃家、我的座位等多种活动中，用画平面图、根据平面图布置场景等不同形式，理解平面图所表示的空间关系。

（1）活动名称：图书区

材料：图书区布置平面图。

玩法：幼儿根据图意要求，摆放图书区的材料。

（2）活动名称：我的家

材料：家中某一房间的实景照片若干。

玩法：幼儿抽取一张实景照片，然后在纸上画出它的平面图。

3. 日常生活

在过渡环节，教师可引导幼儿根据平面图上指定的位置、指定的排列形式摆放物体。

关键经验

理解并重现观察三维物体的不同视角。

（一）关键经验解读

1. 理解并重现观察三维物体的不同视角，也就是幼儿观察同一物体时，从不同视角看到物体的不同特征，这是幼儿今后学习三维空间中的立体图形和它的面、学习图形之间的空间关系及其表征形式的根本前提。

2. 这一关键经验包括两个核心。

（1）理解三维物体可以从不同的视角观察，并发现在不同的视角下三维物体的形状不同。

（2）根据三维物体的多个两维特征，辨别相应的三维物体。

（二）已有经验基础

幼儿能综合两维特征找出相应的图形，知道从不同方向看一个物体是不一样的。

（三）幼儿常见行为表现

1. 幼儿从不同视角看物体时，常常会有以下表现。

（1）观察三维物体时，习惯以自我为中心，不知道转换视角观察。

（2）观察三维物体时，不够细致全面，未能从多个角度进行观察。

（3）观察三维物体时，能从多个角度进行观察。

2. 幼儿根据三维物体的多个两维特征辨别相应的三维物体时，常常会有以下表现。

（1）不知道转换视角去观察，即认为图片和被观察的物体不是同一个三维物体。

（2）不能将多个视角下观察到的二维特征进行整合，推测出这个三维物体。

（3）能将多个视角下观察到的二维特征进行整合，准确地推测出这个三维物体。

（四）教育途径与方法

1. 集体教学

教师可以“小画家”为情境导入，引导幼儿理解从不同视角看到的同一物体特征有所不同。

教师出示一个动物玩偶，请幼儿预测从不同角度能看到小动物的哪些部分，并引发幼儿思考“为什么同样的物体，呈现出不同的特征”，从而引导幼儿感知三维物体可以从不同的角度观察。

教师改变小动物的方向，引导幼儿通过观察验证，认识到同一物体从不同角度看到的特征是不同的。

教师可以提供小画家、瓜果娃娃等不同的小组活动，让幼儿有更丰富的体验。在幼儿操作时，教师引导幼儿从不同视角抓住小动物的主要特征进行画像。

2. 区域活动

教师可以在区域中提供不同的动物、模块等多种材料，让幼儿在小画家、模型展等多种活动中理解物体的三维特性，发展空间表征能力。

活动名称：小画家

材料：玩偶、白纸、笔。

玩法：幼儿从正面、侧面、背面三个不同的视角，分别记录玩偶的形象。

3. 日常生活

在散步等生活环节中，引导幼儿从不同角度观察环境中的物体，体验在不同视角下观察同一物体的不同感受。

三、空间测量

关键经验

重复使用一个单位量进行长度的自然测量。

（一）关键经验解读

1. 重复使用一个单位量进行长度的自然测量，是大班初期幼儿学习测量，理解单位量与长度之间等量替换关系的重要方面。

2. 这一关键经验包括三个核心。

（1）测量时重复使用一个单位量，如只用一根小棒就能测量桌子的长度。

（2）能够使用一定的方法确保重复摆放一个测量工具时不重不漏地覆盖整个被测物。

（3）能够将重复摆放的次数与被测物长度进行等量替换。

（二）已有经验基础

幼儿能用首尾相接摆放单位量的方式对物体进行长度测量，理解测量结果的意义。

（三）幼儿常见行为表现

幼儿在用一个自然物对物体进行长度测量时，常常会有以下表现。

1. 每一次测量后，标记没有紧紧沿着自然物的尾部，或者移动单位量时，没有从标记处继续测量，造成测量结果有误差。

2. 在不断移动单位量时，手口不一致，造成漏数或重复数，导致测量结果有误。

3. 能运用移动单个自然物的方法正确测量物体的长度，选择适宜的方式标记每一次测量的位置。

（四）教育途径与方法

1. 集体教学

在运用多个相同的单位首尾相接测量长度的基础上，学习使用一个单位量进行自然测量，对大班幼儿来说是具有一定挑战的。教师以“小裁缝”作为情境，可引导幼儿讨论具体的测量方法。

教师出示一块“布料”，引导幼儿思考只有一根小棒时该怎样量。

教师引导幼儿观察、讨论，在用一根小棒量时会存在什么问题，怎样做标记才能保证测量结果准确。

2. 区域活动

（1）活动名称：毛毯有多长

材料：大脚丫图、小脚丫图、记录单、笔。

玩法：幼儿用大脚丫图、小脚丫图分别测量地毯的长度，并把测量结果记在记录单上。

（2）活动名称：裤子有几拃

材料：裤子一条。

玩法：幼儿用拇指到食指的距离（一拃）测量裤子的长度。

3. 日常生活

在建构游戏中，教师可以引导幼儿根据一块积木的长度来测量或推算一段距离有几块积木长，巩固幼儿重复使用一个单位量进行测量的经验。

关键经验

理解测量同一长度时单位长度大小和所需单位数量之间的相反关系。

（一）关键经验解读

1. 理解测量同一长度时单位长度大小与所需单位数量之间的相反关系，表明幼儿已经能够在头脑中建立起测量中单位结构与整体之间的抽象逻辑关系，是幼儿抽象思维发展的一个重要表现。

2. 这一关键经验包括两个核心。

（1）能够准确地用不同的单位量测量同一长度，并准确说出不同的单位量与测量出的数量。

（2）能说出测量同一长度时单位长度与所需单位数量之间的相反关系。

（二）已有经验基础

幼儿能重复使用某一种单位量（如木棒等）来测量固定长度。如，如果用一根木棒重复测量一张桌子的一条边，需要重复 10 次，那么桌边的长度就相当于 10 根木棒的长度。

（三）幼儿常见行为表现

幼儿用两种自然物测量同一个物体的长度时，常常会有以下表现。

1. 测量时不是每次拿一种自然物进行测量，而是将两种自然物混排，说明幼儿不理解测量单位的意义。

2. 能每次使用一种自然物进行测量，但不能发现测量单位长短与测量结果之间的相反关系，具体表现为以下几种行为。

（1）认为其中一种结果是错的。

（2）认为用短的自然物测量时物体就变长了。

（3）只是割裂地说明测量的结果，但被问“为什么不一样”时，幼儿说不出来。

3. 能运用不同自然物测量同一物体的长度，并且能够体验测量单位与测量结果之间的函数关系。

（四）教育途径与方法

1. 集体教学

在集体教学活动中，教师提供不同的测量单位，引导幼儿比较、讨论测量单位与结果的差异。

教师出示底纸，提出问题“两个小朋友分别用自己的脚去量了地毯的长度，却发现两人量出的结果不一样，这是怎么回事？到底谁对谁错呢？”，引导幼儿发表自己的意见，激发幼儿求证的欲望。

在幼儿反复使用不同测量工具测量并记录、表述的基础上，引导幼儿在观察、比较后发现：测量单位越短，测量次数越多；测量单位越长，测量次数越少。

2. 区域活动

教师可以在区域中提供不同的测量物，鼓励幼儿测量课桌、身高等，加深对测量单位与测量结果间函数关系的理解。

（1）活动名称：测量课桌

材料：方块、长条积木若干。

玩法：幼儿分别用方块积木和长条积木对同一课桌的长度进行测量，记录测量结果，并进行比较。

（2）活动名称：测量身高

材料：长条积木、组块若干。

玩法：一名幼儿站直或躺下，另一名幼儿用长条积木或组块测量他的身高，记录测量结果，并进行比较。

3. 日常生活

幼儿在自然角观察植物时，可以用不同测量工具测量同一植物的高度，记录下测量结果，进一步巩固测量的方法，体验测量单位与测量结果间的函数关系。

关键经验

通过用单位体积（立方块）填充的方式，体验体积和体积测量的意义。

（一）关键经验解读

1. 通过用单位体积（立方块）填充的方式，体验体积和体积测量的意义，就是用多个单位体积（立方块）组合成的三维阵列填充空间，来表示（等量替换）被测空间的体积，并根据测量结果（立方块的数量）来比较体积的大小。幼儿阶段的体积测量，是在成人指导下开展的非正式测量活动。

2. 这一关键经验包括两个核心。

（1）幼儿知道物体的体积能够用立方块填充的方式进行表示和测量。

（2）幼儿理解物体的体积可以用单位体积进行填充后所需的数值进行表示。

（二）已有经验基础

1. 幼儿在前期已经能够利用单位正方形纸片来测量不规则图形的面积，知道不规则图形的面积可以用几个单位正方形纸片来表示，如菜地的面积等于 10 个小正方形的面积。

2. 幼儿已经能够将单位小立方体整齐地铺到透明盒子中，但是只铺一层。

（三）幼儿常见行为表现

幼儿用单位体积（立方块）填充时，常常会有以下表现。

1. 用立方块填充体积时出现重叠或者有空隙的现象，或者只填充容积的最下面一层。

2. 能不重叠不遗漏地将长方体容器填满，但不知道长方体容器的体积可以用所需要的小立方体来表示，如大长方体的体积等于6个小立方体的体积，因为6个小立方体刚好填满大长方体。

3. 能建立容积大小与所用立方块数量之间的正确关系，且测量方法正确，数据准确。

（四）教育途径与方法

1. 集体教学

在集体教学活动中，教师引导幼儿关注积木在容器中是如何存在的，从而建立起积木数量与容器容积之间的关系。教师借助“哪个容器大”的问题情境，发展幼儿的空间感知能力。

教师出示大小不同的容器，引导幼儿观察容器的形态，然后出示小积木，鼓励幼儿思考如何运用小积木测量、判断这些容器哪个容量更大。

教师可以为幼儿提供大小不同的长方体、正方体以及用于测量小积木，让幼儿在实际操作中体验摆放的小积木数量与容积之间的关系。

2. 区域活动

教师可以在区域中提供一些大小不同的纸盒，让幼儿用正方体积木进行测量，体验体积和体积测量的意义。

活动名称：哪个盒子大

材料：不同大小的纸盒、木质正方体积木、记录单。

玩法：幼儿用木质正方体积木测量、判断不同纸盒的大小，并将测量结果记录下来。

参考文献

1. 张俊 . 幼儿园数学领域教育精要：关键经验与活动指导 [M]. 北京：教育科学出版社，2015.

2. 克莱门茨，萨拉马 . 儿童早期的数学学习与教育：基于学习路径的研究 [M]. 张俊，陶莹，李正清等，译 . 北京：教育科学出版社，2020.

3. 黄瑾，田芳 . 学前儿童数学学习与发展核心经验 [M]. 南京：南京师范大学出版社，2015.

后 记

自 20 世纪 80 年代起，南京市中华路幼儿园（以下简称“中幼”）就开始在南京师范大学肖湘宁、唐淑、张慧和、张俊，江苏省特级教师朱俐瑶等专家的引领下持续探索幼儿数学教育的改革。从开创活动操作法到关注生活中的数学、数学与各领域的相互渗透，再到重视幼儿在数学活动中的情感体验，以综合化、多元化、个别化的支持促进幼儿的学习与发展。经过四十多年的反复摸索、不断优化，积累了丰富的实践案例和创新成果，最终形成了具有较强操作性、普适性，深受幼儿、家长、同行喜爱的“幼儿快乐数学”。

基于广大教师对幼儿数学关键经验仍存在理解和实践方面的困惑，中幼回顾了四十多年来数学教育的研究经验，并以张俊教授的《幼儿园数学领域教育精要——关键经验与活动指导》一书为基础，提炼了幼儿数学关键经验的内涵和意义，提出了支持幼儿数学关键经验发展的多元策略。特别是针对关键经验的具体内容，从关键经验内涵解读、幼儿已有经验基础、幼儿常见行为表现、教育途径与方法等方面进行解析。其中，不仅蕴含了中幼对幼儿关键经验的深入思考，更源于中幼在教育教学实践中的真实行动。同时，此书配备了幼儿数学关键经验的解读视频，有利于广大教师更加生动直观地理解，期望可以为一线幼儿教师基于幼儿数学关键经验开展适宜的幼儿数学教育，提供一定的参考和借鉴。

本书的编写与出版凝聚了诸多教师、专家、编辑的心血、关心和帮助，衷心感谢每一位参与文稿撰写、视频拍摄的中幼教师，大家统筹分工、共同收集、修改优化；感谢一路陪伴中幼进行数学教育研究的专家团队，对中幼予以了倾力指导和高位引领；感谢教育科学出版社的责任编辑对文稿、视频的审读、修订、完善。由于水平所限，本书难免存在不足之处，恳请各位读者不吝赐教，以便我们修订完善。

南京师范大学　张　俊

南京市中华路幼儿园　贾宗萍

2024 年 5 月